布拉格传

胡 迪◎著

时代文艺出版社

图书在版编目（CIP）数据

布拉格传 / 胡迪著. 一长春：时代文艺出版社，2012.3（2021.5重印）
（诺贝尔奖获奖者传记丛书）

ISBN 978-7-5387-3995-4

Ⅰ.①布… Ⅱ.①胡… Ⅲ.①布拉格，W.H.（1862～1942）－传记 Ⅳ.①K835.616.11

中国版本图书馆CIP数据核字（2012）第047685号

出 品 人　陈　琛
责任编辑　曾艳纯
装帧设计　孙　利
排版制作　隋淑凤

布拉格传

胡迪 著

出版发行 / 时代文艺出版社
地址 / 长春市福祉大路5788号　龙腾国际大厦A座15层　邮编 / 130118
总编办 / 0431-81629751　发行部 / 0431-81629755
官方微博 / weibo.com / tlapress　天猫旗舰店 / sdwycbsgf.tmall.com
印刷 / 保定市铭泰达印刷有限公司
开本 / 710mm×1000mm　1 / 16　字数 / 120千字　印张 / 12
版次 / 2012年6月第1版　印次 / 2021年5月第3次印刷　定价 / 29.80元

授奖辞
Award-winning Remarks

　　本奖项同时授予威廉·亨利·布拉格先生和威廉·劳伦斯·布拉格先生，以表彰他们用X射线对晶体结构的分析所做的贡献。

——诺贝尔奖委员会

目录
Contents

众所周知，在20世纪上半叶的科学群英谱当中，除了居里夫妇之外，恐怕就要数英国著名科学家威廉·亨利·布拉格最著名了。威廉·亨利·布拉格出生于1862年，是英国的爵士、功绩勋章的获得者、皇家学会会员。在1910年左右，他受到了德国物理学家马克斯·冯·劳厄发现的X射线晶体衍射现象的启发，同自己的儿子一起创造了X射线晶体结构分析这个用来探索物质世界奥秘的神奇有效的工具。在威廉·亨利·布拉格和他儿子的共同努力下，他们奠定了一门全新的射线晶体学的基础。1915年，诺贝尔奖委员会将象征着科学界最高奖项的诺贝尔物理奖授予威廉·亨利·布拉格及其儿子，以表彰他们在X射线晶体结构研究方面所作做出的贡献。而且那年的诺贝尔奖也因为他们父子一同获奖而传为了佳话。

其实，威廉·亨利·布拉格可以说是小科学时期的最后一代代表人物之一。跟现在不同的是，在威廉·亨利·布拉格的时代里，科学多多少少还是一项自主的和自由的个人事业，而且在那个时代，科学家的地位也是相当稳定的，而科学研究所需要的仪器设备等等在那时还都没有超出研究者的个人设计能力。而且，无论是在教育上，还是在工业或者是国防上，科学都并没有得到广泛的应用。因此，威廉·亨利·布拉格虽然参与了不少研究，也领导主持了大量的科研工作，但是当时的科学环境却并不是很好。尽管如此，威廉·亨利·布拉格依然在孜孜不倦地追求着，研究着。而且，最让他感到欣慰的恐怕就是自己的大儿子威廉·劳伦斯·布拉格了，因为他不但继承了自己的衣钵，而且还取得了很大的成就，甚至还成为诺贝尔奖最年轻的获奖者，相信这些辉煌也足以让威廉·亨利·布拉格欣慰了。

展现在广大读者面前的，是一部篇幅并不是很长的传记，讲述了威廉·亨利·布拉格平凡而又伟大的一生。了解威廉·亨利·布拉格的人都知道，在布拉格的一生当中，留给人们最大的疑问有三点，那就是为什么威廉·亨利·布拉格直到四十岁的时候才开始真正进行科学研究工作，并且在很短的时间内就取得了成功？再有，既然是父子一起去领奖，就说明他们父子两个人在这一领域都有贡献，那么到底谁的贡献更大呢？还有，威廉·亨利·布拉格从小性格孤僻内向，不善交际言谈，而且毫无野心，但他为什么在20世纪二三十年代能够成为英国科学的代言人和公共事务中的风云人物呢？

这些问号总是挥之不去，时时刻刻在我们的心头盘旋，而这些正是本书行文当中的主线，也是本书探讨最多的地方。要想解答这些问题，就必须从他极为缓慢而且低微的开端来追寻他的生活足迹，因为那是威廉·亨利·布拉格自己谱写的生活篇章。不仅如此，本书还通过一个外行的视角，在追述威廉·亨利·布拉格的人生轨迹基础之上，发掘出一些与科学或者是科学家有关的问题。

第一章　童年与少年

1. 布拉格家族

　　布拉格家族一直定居于西伯坎，但是到了后来，布拉格家族的子孙偶尔也会做一些海上贸易。不过，布拉格家族的祖先实际上来自于英格兰的偏僻地区，那里离交通干线非常远，房子也不像城里的房子那样高大华丽，但那里的土地全部归耕农所有，肥沃的土地，还有宁静、碧绿的草场，不但构成了一道美丽的风景线，而且还会让人感到心旷神怡，此外，在这广阔无际的草原上还养育着肥壮的牛羊。如果要是论起经济繁荣与发达，那里当然跟大城市没法比，但是那里环境优美，空气清新，也可以说是一个世外桃源。而布拉格家族的后代就是一代一代地在这里长起来的。

　　威廉·亨利·布拉格外祖父的住宅自然就在附近。他是个很好看的老人，文雅而又威严。他大约1824年成为牧师，直到1884年去世，非常受人爱戴。他还是一个伟大的收藏家，在植物和鸟类方面是这个郡的权威。他拥有一个十分老式的小教堂，里面有一个三层台阶的布道坛。当作为教会执事站在下面一层时，布拉格的外祖父身穿白色法衣诵读祷文；而当他站到布道坛顶层讲道时则改穿黑色法衣。一架手摇风琴放在边廊上，布拉格的母亲结婚前经常用它演奏。在布拉格还是一个小男孩儿时，就听说那架手摇风琴太粗糙了，只能按一个固定音阶演奏曲子，演奏的时候，一只手摇动风琴把手，另一只手拉动风箱。

威廉·亨利·布拉格的外祖父在年轻时不只在韦斯特沃教堂服务，每个星期天的下午，他还要走五英里远到罗斯利教堂去讲道。

威廉·亨利·布拉格的外祖母伍德是一个小巧可爱、面色红润、戴一顶白色便帽的老妇人。当她还是那个叫露丝·海顿的姑娘时，是这片乡村最漂亮的美人之一。布拉格的外曾祖父布朗是一位商人，在沃肯顿附近经商。妻子去世后，他又结了婚。后来，前妻所生的孩子都离开了他。威廉·亨利·布拉格的祖母露茜·布朗去了贝尔法斯特，然后又到了贝尔法斯特南面不远的小镇泡塔夫利。在那里，她与布拉格的祖父结了婚……他们有四个孩子：威廉·布拉格·布拉格，罗伯特·约翰·布拉格，詹姆斯·布朗·布拉格，以及玛丽·麦克莱利·布拉格。

威廉·布拉格·布拉格是长子，十二岁那年他父亲在坎伯兰与贝尔法斯特之间的海面上遇难，从此家境每况愈下。威廉·布拉格·布拉格当时在贝尔法斯特学院学习……他不能再进一步受教育了，虽然没有人知道他是不是马上离开了学校。他可能又坚持念了一段时间，因为他知道他的拉丁文相当不错。过了一段时间，全家搬往伯肯赫德，因为威廉·布拉格·布拉格在那儿给一位药剂师当学徒，詹姆斯进了一家办事处。

2. 父亲的海员生涯

威廉·亨利·布拉格的父亲罗伯特·约翰·布拉格曾经是一名出色的海员。

十六岁的罗伯特跟约瑟夫·布什比做学徒，学徒关系为五年。罗伯特此间总的薪水是三十英镑：第一年四英镑，第二年五英镑，以此类推。船员执照上说他是金发，浅褐色眼睛，当他在沃肯顿的载重五百三十吨的"海上女神号"工作的时候还是一个少年。在载有各种不同货物的"海上女神号"上，他经历过许多次驶往东方的航行，并且干得很好。他的学徒契约在那年期满，合同书背面写着这样的附注："1851年10月，利物浦。在合同期内，罗伯特·布拉格以极高的信誉完成了合约条款。他工作认真，使船主约瑟夫·布什比完全满意。"

当然，在这期间作为儿子的罗伯特·约翰·布拉格经常会给自己的母亲写信，为了不让自己的母亲担心，孝顺的他经常会告诉母亲自己现在的情况，比如下边这一封：

亲爱的母亲：

我很抱歉地告诉您，我们定于明天上午9点出发，如果风和天气允许的话……

今天下午我被通知到布什比的办公室去领伙食费，办公室里只有老布什比先生和出纳员。在出纳员给我数钱时，布什比先生把我带到另一个房间，告诉我如果我继续像以前那样努力工作，下次出海时他将让我做二副，但还不能告诉我在哪条船上……

我现在已准备好了各种必需品，以便自己在航行中舒适些。我预计这次航行大约需要九个月时间。

前一天布什比先生带我到船舱，问我船员所讲有关米歇尔船长的报告是否属实，比如我是否见过他喝酒等等。我告诉他，他们说的都是假的。他又问我船长待我们好不好，我说好的。第二天米歇尔船长问我布什比先生对我说了他什么，我告诉了他一切。他说："很好，罗伯特，我知道了。你们回来后，一切都会水落石出。我这样告诉他们，我确实考虑过离开这条船，但现在，由于我知道了真相，我将仍呆在船上。"

1850年1月25日

这封信以精细的、学者一样的手迹写成，并用花体字签名。在信纸的底部画有一个方框，里面写着：妈妈再见，玛丽再见，希望我们很快会再相见。

信上还画了一幅小画，一位戴朝前撑起的阔边女帽的贵妇人正在与一位水手握手，水手肩膀上扛着包裹。罗伯特的哥哥去给弟弟送行，他在信的背面加上了几行字：

亲爱的母亲，今天下午我与罗伯特在一起。临别时我想了好一阵子……我希望并预计他将是一个善良、孝顺的儿子。我相信我们八个月后能再见到他……

几天后，他又写道：

也许是做兄长的偏爱，但我相信，罗伯特是一个本质上具有美德的小伙子，而不仅仅是没有恶癖的人。

这是自父亲去世后，罗伯特的哥哥作为母亲的保护人和一家之主表现出诚挚关切和责任意识的最早的证据。他对罗伯特的有力帮助和坚定情感持续了许多年。

"海上女神号"到达加尔各答后，罗伯特写信给家里：

亲爱的母亲、兄长和妹妹：

在你们接到这封信之前，你们肯定会十分奇怪为什么收不到我的信。但事实的确是这样，我们经历了一次十分漫长的航行，从利物浦到加尔各答用了一百三十天……

我们起航后有一段时间遇到了很糟糕的天气，近三个星期我们一直在英伦海域及附近徘徊。整个这段时间，我们受到极强的西南飓风的袭击。到了晚上，正如你们在来信中提到的，风非常大。实际上，风是如此猛烈，以至于船长说如果风再刮下去的话，他将被迫把船驶入某个港口，因为我们正在漂向陆地……但是，母亲一定要让波莉（他的妹妹）去利物浦接我，您难以置信我一想到这些是多么高兴。而且，要是母亲现在同意她去利物浦的话，我

们就能一起回家，这该多么令人愉快，因为我敢说10月的

某一天我们就到家了……

永远挚爱你们的儿子和兄弟罗伯特·约翰·布拉格

1850年6月12日，加尔各答

波莉，我盼望能在利物浦见到你；詹米，希望你能到

家乡火车站接我。

1854年，罗伯特开始任大副，每月薪水五英镑十先令。有一张2月25日从都柏林写给哥哥的便笺，是关于一笔投资的："我签了一张空白支票，因为我不知道你需要多少钱。"哥哥一直帮着照管他弟弟的财产，他一生都在小心谨慎地做这件事，并把它们管理得很好。他的信件里经常有很多数字，错综复杂，很难弄懂。他也不像小罗伯特那样行文流畅、语言文雅。

在二十五岁的时候，罗伯特·约翰·布拉格结束了他的海员生涯。虽然跟其他的海员比起来，罗伯特·约翰·布拉格做海员的年头并不算长，但是他却把自己生命当中最好的青春时光献给了广阔无边的大海，而且在这期间，罗伯特·约翰·布拉格一直都是一个非常出色的海员，不仅如此，他还因为一次非常偶然的机会让自己一下子就成为受人关注的名人。

一次，他们的船行驶到纽芬兰岛，当时本来应该是船长在前指挥，但是没想到那天船长喝得酩酊大醉，身体也是摇摇晃晃，出海没多久就躺在船舱里睡着了。当时，罗伯特·约翰·布拉格虽然是大副，但只是一个非常年轻的小伙子，他看见船长睡着之后，本来

想叫醒船长，但是船长由于喝得太多，睡得死死的，他没有办法，只好一个人独自驾驶着船，顶着狂风大浪把船开了回来，要知道，当时威廉的父亲根本就没有什么航海经验，但是他却凭借自己一个人的力量把船开回来，这无异于一个奇迹，因此，出名也就成为很自然的事情。

后来，威廉的父亲因为已经在家里存了一些钱，他毅然选择了告别海员生涯，来到了坎珀兰的韦格顿，并在这附近买了一个农场，建起"石造住宅"，并在这里安了家。

"石造住宅"是那里最典型的建筑，它们都是农民的农舍，是用坚固的石板作为屋顶的石造房子。房子的后部是典型的18世纪的建筑风格，并且设有一个后门，它直通向那天苍苍野茫茫的农场；而房子的前部是典型的19世纪风格，并有一个带暗格的前门。在房前有一块嫩绿的草坪，天真的孩子们可以尽情地在上边玩耍，在呼吸新鲜空气的同时，也享受着童年的快乐与幸福。另外，在草坪当中还有非常茂盛的栗子树。

3. 布拉格的童年

1861年，罗伯特与所在教区的牧师的女儿玛丽坠入了爱河，最终他们决定走进婚姻的殿堂。但是在结婚的路上，罗伯特粗心大意地弄丢了戒指，没有办法，只好临时管自己的弟弟借了一枚戒指。但是这枚戒指是肯定不会还给自己的弟弟了，于是，罗伯特在婚后又特意去买了一枚新戒指还给弟弟。但是就在几年之后，罗伯特在那条路上捡到了当年丢失的戒指，这仿佛是上天跟他开的一个玩笑，不禁让人会心一笑。

后来，罗伯特与弟弟一起去参加当时的伦敦国际博览会，当时罗伯特的妻子已经怀孕，可自己却偏偏不能陪伴在爱妻的身边，于是罗伯特便经常给爱妻写信，用优美的文字来表达对爱妻的浓浓爱意。他告诉妻子，他和弟弟如何花一英镑乘上了"大东方号"轮船。

当然，由于两个人都处在浓情蜜意当中，玛丽也会时常给自己的丈夫回信，罗伯特·约翰·布拉格总会及时收到妻子的信件，读到她兴高采烈地讲述她如何顺利地做农活等等，让这个年轻的丈夫感到非常高兴。后来，罗伯特·约翰·布拉格在博览会上给玛丽写信，为此他花了一便士买了钢笔和墨水，又花了两便士多买了纸和信封。罗伯特他们在河滨路索尔兹伯里广场的赖德旅馆住下，这里确实非常舒适……

展览馆很大，罗伯特没有能力在一封信当中将展览馆里所有的故事都告诉自己的爱人。因此玛丽只能凭借自己丰富的想象力去想象。罗伯特他们刚到的那几天，一直在展览馆里边转来转去，但是即便是这样，那时的他们还没有看完展览馆里四分之一的内容。而前来参观的人也非常多，可以说是一天比一天火爆。他们用了一整天参观了农业器具展厅，罗伯特相信他们需要花很长的时间才能把整个展览馆参观完。当然，罗伯特是多么希望妻子能够跟自己一起参观，但是当时这个愿望显然是不能实现的，因此，罗伯特只能通过一封又一封的信件来向妻子表达自己激动的心情和深深的思念。

1862年7月2日，威廉的父亲还没有从伦敦赶回来，他的妻子生下了第一个儿子，这个人就是后来的科学天才，诺贝尔奖的获得者——威廉·亨利·布拉格。后来，玛丽又生下了两个儿子，他们分别是杰克和詹姆斯。

威廉·亨利·布拉格的母亲是一个温柔善良的女性，尤其是跟罗伯特结婚以后，便成为一位贤妻良母，她不但把家里照顾得井井有条，而且每天都会去市场卖奶油和鸡蛋。

一天早上，布拉格早早起来坐在餐桌边，这时他的母亲正在擀面，当布拉格突然发现自己会吹口哨时，母亲停下了手中的活，来到了他的面前，两个人就这样静视了一会儿，虽然吹口哨是很平凡无奇的事情，但是母子二人当时都为这个新的成就感到惊讶和自豪。

还有一次，他们母子去了阿隆贝海滨，当时小布拉格才刚刚学会走路，正当他们在沙滩上一起玩耍时，布拉格突然奔向了海边——只有下水游泳才算得上是真正的玩耍！

在海滨尽兴之后，他们便踏上了回家的路，他们在离海滨最近的阿隆贝火车站等车时，布拉格坐在月台边上，两只脚在铁轨上晃来晃去，当母亲看到火车进站时，便迅速冲过去把布拉格拽了上来。

　　在威廉·亨利·布拉格上学的前一天，他坐在"石造住宅"的客厅地板上玩儿，这时，父亲刚好从市场上回来，把一个棕色的纸包扔在布拉格旁边的地板上，但纸包刚刚落地就听见"哗啦"一声，原来，在纸包里边有石板和石笔，但是经过父亲这么一扔，里边的东西全被打碎了，母亲因此火冒三丈，冲父亲大发雷霆，不过因为家里还有备用的石板和石笔，因此母亲也没有一味地指责。但那时的威廉·亨利·布拉格只有五岁，他并不知道那些石板和石笔到底是干什么用的。

　　那时，布拉格在母亲的教导下，能够慢慢地开始阅读了，后来，他被带到了韦斯特沃的一所小学校，学校的老师让他读了一段《乔治和他的小马》作为测验，但是当布拉格读完之后，老师就让他坐在一边，也再没有问过他什么。但最终他还是被录取了。

4. 勤奋刻苦的布拉格

　　由于在威廉·亨利·布拉格小时候没有人送他去上学，因此，开学没多久他就摸清了上学的路。每天清晨打开家门之后，穿过草地，再穿过牧场，就到了大路。穿过大路，沿着小路穿过丘底的韦萨谷河，之后再爬到坡顶，就到学校了。此外，在学校旁边还有古老的教堂和墓地，站在那里眺望乡野，就仿佛是一条美丽的彩练。

学校的校长海瑟林顿是一个非常不错的老师，年幼的布拉格一直非常喜欢听他的课。七岁时，他的算术已经非常好了，已经能做当时所谓的"实算"，也就是用于商业往来的加减乘除混合运算。

但是就在他七岁那年，他的母亲，年仅三十六岁的玛丽却不幸去世了，在当时，这对于布拉格父子简直是一个天大的打击，因为从此便意味着家里边所有的事情全部要扛在罗伯特·约翰·布拉格一个人的身上。但是罗伯特虽然心痛，并没有因为爱妻的去世而委靡不振，他反而更加清楚自己肩上的重担与责任。他深知科学与知识的重要性，于是，在哈堡镇重建之后，罗伯特便把当时已经读完小学的布拉格送到那里去上中学。

那是一所以拉丁文为主的普通中学，教室是一个由木柱撑起的古雅建筑，它的下面过去是黄油市场，新任的校长名叫伍德，他是一个非常能干的人，而且跟威廉·亨利·布拉格的伯父关系很好。在他的管理之下，学校渐渐发展起来。而威廉·亨利·布拉格是学校停办之后开办时新招收的六个学生之一。虽然玛丽于1869年去世，但她的"数学头脑"被她的儿子、孙子继承下来，再加上他舅舅和学校的关系，威廉·亨利·布拉格在第一学期就拿到了六英镑的奖学金，这意味着他和他爸爸再也不用为学费而发愁了。当发奖学金的时候，学校已经得到了很大的发展，所以当时的学生也自然远远不止六个，可以说是一次很大的学校集会，当学校的领导叫到威廉·亨利·布拉格的名字时，布拉格站起来走到讲台前去领奖学金，但是当时的他疑惑不解，并不知道奖学金到底是什么，更不知道奖学金到底能用来干什么，或许从那时开始，布拉格就希望自己能够弄懂自己并不明白的问题，但是那天，年幼的布拉格无论怎样也想不明白这个所谓的"奖学金"到底是什么，有什么用，因此，当时的布拉格不但没有因此而感到高兴，反而略显失望。

后来，布拉格所在的学校一直发展得很好，这也给年幼的布拉格创造了一个很好的学习空间。或许是因为小时候受到母亲教导的影响，布拉格从小就喜欢学习，而且还有很好的学习习惯，他总是会利用一切时间来抓紧读书，所以布拉格的学习也很好，而且进步相当大。1873年，威廉·亨利·布拉格以优异的成绩从学校毕业，并且升到了牛津初级地方学校学习。在当时，他是英格兰年龄最小的考生，但是他却取得了第三名的好成绩，可以说，威廉·亨利·布拉格的聪明才智在这时就已经渐渐地体现出来了。而且就算是这样在当时依然不是布拉格最好的成绩，他本来可以有更好的成绩，但是当时教会有规定：任何没有通过教会史考试的学生都不允许升入高一等级。而布拉格恰恰在这门课上失败了，而且他的希腊语也没能顺利过关。

布拉格一家在哈堡过着平静的生活，每天吃完早饭之后，詹姆斯都要带自己的侄子布拉格去骑一个半小时的马。时间一长，布拉格对周围的村庄也渐渐熟悉起来。虽然布拉格很喜欢清晨的空气，更喜欢被他骑在屁股底下的那匹小马，但是他却并不喜欢骑马。在当时，真正吸引他的并不是乡村运动，而是各种各样的球类运动，布拉格对这些非常感兴趣，而对于狩猎、钓鱼这样的活动非常厌烦。骑完马之后，布拉格就开始踏上上学的道路，学校生活几乎占满了他所有的时间。那是一所民间学校，没有操场，即便是在学校里也很少有游戏，对于充满朝气而且喜爱球类运动的布拉格来说这样死气沉沉的学校无疑让他感到非常憋闷。可当时父亲已经把自己送到这个学校，因此对于当时的布拉格来说，也别无选择。但就在布拉格来到学校的第六年年底，学校有了翻天覆地的变化，学校终于拥有了一个足球场，布拉格和他的小伙伴们对此非常高兴，因为这意味着他们终于能在这个足球场上随心所欲地去玩各种游戏了。

由于布拉格出身于英国坎伯利的一个贫苦家庭，父母都没有上过什么学，但他们都深知知识的重要性，他们不愿意让孩子也像自己一样没文化，受人愚弄。他们起早贪黑地做工干活，并且省吃俭用，一心想叫儿子成为一个有学问的人。布拉格看到父母整天劳累得疲惫不堪，于是就找到了家杂货店，上学之余去帮工挣钱，为的是能够减轻一些家里的负担。不久，这件事让父亲知道了，他把布拉格叫到了身边："孩子，听说最近你瞒着家里在外做工，是吗？""是的。""为什么？""因为我看到您和妈妈为我能够上学，没日没夜地干，太辛苦了，我觉得做一个白吃饭的人，心里实在过意不去，所以我想我应该为家里尽一份力。嗯，怕您不同意，因此没告诉您。""孩子，"父亲抚摸着布拉格的头说，"你的想法是对的，但你现在最要紧的是尽全力去念书，因为像我们这种家庭，如果成绩一般的话，是很难得到深造的机会的。""可是，我还是觉得……""好了，我明白你的意思，别着急，你想工作，以后机会有的是，只怕你干都干不完呢。" 布拉格是个懂事的孩子，他深知父亲的一番苦心，十分珍惜来之不易的学习机会，学习非常刻苦认真，在班级、年级里，总是名列前茅。布拉格的老师对他的成绩十分满意，他把布拉格的父亲叫到学校，对他说道："罗伯特先生，我认为您的孩子是个出色的学生，他的前途是广阔的。您实在应该把他送到更高等的学府去深造。""我同意您的看法，可是……"罗伯特脸上显出了为难的神色。"啊，我明白。嗯，是啊，像您这样的家庭要负担起这么一大笔学费，确实不容易。这样吧，回头我们校方出面协商一下，争取使您的孩子能获得深造的机会！""太感谢您了，我想，他不会使您失望的。"罗伯特紧紧地握住了老师的手，布拉格被保送到了威廉国王学院。这个学院的院长开始听说布拉格并非出身名门，直皱眉头，而当他看到布拉格的成绩，并且对他进行了面试之后，大出意外，欣然接受布拉格，并且还授予了他一笔助学金。

布拉格就要离开家去上学了，临行的那天，父亲有些不舍，他深情地对自己的孩子说道："孩子，你要走了，这确实是件令人高兴的事，我想，在那里你会大有作为的。要珍惜这难得的机会，好好干！"这时，布拉格的母亲拿出了一个小包袱，叹了口气，说道："唉，孩子要出远门了，也没件像样的衣服。""是啊，"布拉格的父亲一边拍着儿子的肩膀一边对儿子说道，"按理说，你到那种地方念书，确实应有一套像样的衣服才是。可是家里的情况你也是知道的，实在是没钱了……""爸爸，您别说了，我是去念书的，不是去和那些公子哥儿比衣服的。"布拉格对自己的父亲说。"好，好，真是懂事的孩子。"父亲说着，接过妻子手里的小包袱，递给布拉格，并对布拉格说，"这里面有一身衣服，是你妈连夜赶做出来的。虽然比不上有钱人家的漂亮，好歹是身新的。至于鞋嘛，也只好穿我的这双皮鞋了，虽然大了点儿，可还挺结实，穿它一两年大概没什么问题。等家里宽裕些了，我一定给你买新的。"可布拉格却摇摇头说："不要紧，爸爸，什么都挡不住我学习的劲头儿的。"

威廉国王学院的声誉一向很好：在学院里，不管你是什么样的学生都能获得一笔数目可观的奖学金，每年学校都会有两三个人去牛津或者剑桥读书。但是，虽然名字叫威廉国王学院，但它并不是一所体面的学校，跟其他学校相比，这所学校的收费很低，每年的伙食费和学费加在一起大约是六十英镑，而在苏格兰山下的校舍也非常简朴干净，在1879年印刷的招生简章当中还声称每个孩子都会得到一个单独的床位。

学校的早餐包括一块黄油、足量的面包还有茶水，晚饭则是黄油和面包。但学校没有牛奶、果酱、煎饼或者是鸡蛋这些"奢侈品"，除非是学生们从家里自带，或者是家长们给自己孩子足够的零花钱。虽然不知道别的孩子的情况，但是对于威廉来说，父亲很少会给他额外的钱。不过，学校的生活给布拉格带来的也并不是一味的枯燥乏味，有时候也会发生一些有趣的故事。由于国王学院的学生大多数是富家子弟，因此布拉格的衣着显得非常寒酸，所以学院里的一些富家子弟经常会嘲笑布拉格。特别是那双和布拉格的小脚非常不相称的皮鞋，在那些被擦得乌黑发亮的皮鞋当中，布拉格的这双皮鞋显得特别的丑陋。有些讨厌的家伙就以此寻开心，甚至诬陷他，说这双皮鞋根本就是布拉格偷来的。一次，一个叫哈瑞的公子哥看见布拉格迎面走来，便故意大声叫道："嘿，布拉格，怎么还没把你的那双破鞋扔掉，小心它的主人找上门来。"听到别人这么说之后，布拉格立刻反驳道："你胡说什么，这双鞋是我爸爸的。""哈，只怕是你爸爸从垃圾箱里捡来的吧?"哈瑞对布拉格说道。"你……"当时的布拉格非常气愤，真想上去好好地教训这个家伙一顿。哈瑞已经看透了布拉格的心思，于是对布拉格说："想动手吗?要知道这可是违反校规的。"是啊，这是有钱人的天下，一旦动起手来，触犯了校规，最终倒霉的还是他这个穷人家的孩子，轻的让学校给一个处分，要是弄严重了甚至还有可能被学校开除。父母辛辛苦苦才把自己送到这么好的学校来读书，好不容易到手的学习机会，哪能这样就轻易地失去呢，布拉格想到这里，竭力把怒火压了下去，一转身，躲开了哈瑞。这时，布拉格听见身后传来了哈瑞得意的笑声："穷小子，念不起书趁早别念了，还是回你的老家去吧，哈……"这句话就像是一根针一样深深地刺进了布拉格幼小的心灵，他发誓：一定要使自己的成绩超过这些富家公子。因为布拉格的成绩优异，遭到不少富家子弟的嫉妒，这些技不如人的公子哥们竭尽全力地诬陷布拉格，他们甚至想把布拉格挤出学校。

布拉格不想惹麻烦，一忍再忍，尽力克制自己，把所有的精力和心思都放在学习上，但是，这些可恶的流言最终还是传到了负责纪律操行的学监耳朵里。一天，布拉格忽然被叫到学监的办公室。一进门，布拉格就发现那个老学监坐在办公桌后边，脸色冷峻，双唇紧闭，他的两只眼睛紧紧地盯在布拉格那双大得不合脚的皮鞋上。而这时的布拉格也明白了这其中的原因，他对老学监说道："先生，我知道您为什么把我叫来，不是那么回事儿，这儿有一封信，您看完就明白了。"说着，从兜里掏出一张已经折得起了毛的纸，交给学监。学监接过纸片，在看过信之后，那铁青的脸色渐渐消失了，只见上面写道："孩子，总想给你买双新鞋，可是真抱歉……但愿再过一两年，我的那双破皮鞋，你穿在脚上不再嫌大。如果这双鞋你都能对付，那么以后还有什么样的鞋你不能适应呢?我想你能明白我的意思。你一旦做出了成绩，我也将因此而深感自豪，因为我的儿子是穿着我的破皮鞋努力奋斗成功的。"老学监也被深深地打动了。他拍了拍布拉格的肩膀，表示歉意。而蒙受极大侮辱的布拉格这时再也忍不住了，"哇"的一声哭了起来。他哭得非常伤心，他要把埋在心头已久的委屈和积愤全部倾泻出来。布拉格没有让父母失望，贫穷和凌辱不仅没有压倒他，反而让他学会了坚强，他决心加倍努力，用自己的实际行动给自己的家人还有所有的穷人争一口气。同时学校对于那些造谣生事者，也提出了批评和警告，那伙富家子弟再也不敢和布拉格过不去了。

一天，布拉格和他的同学们被锁在宿舍外边一整天，去踢足球时他们没有办法换衣服，无奈之下他们只好脱掉外套穿着针织紧身上衣去踢球。不过，他们踢球的地方是一个非常安全的地方，让他们感到非常快乐。

布拉格的成绩不管到了哪所学校永远都是名列前茅，他对所有的功课都特别感兴趣，尤其是数学。此外，他对所有的运动项目也很感兴趣，玩得也相当不错，可以说，那时的布拉格除了是一个学习天才之外，还是一个运动健将。可是，年幼的布拉格也不是一个面面俱到的孩子，那时的布拉格不喜欢与人交往，总喜欢一个人找一个僻静的角落去读书，跟周围所有的男生都不能打成一片。

可随着年龄的增长，布拉格也渐渐变得无拘无束起来，他变得非常随和，而且无论跟谁都能聊上两句，最后，他成为当时的学生头，在学校里有一定的影响力。

1876年，威廉·亨利·布拉格的伯父建起了他自己的房子，即凯瑟伍德寓所。它坐落在广场街，房屋用英国中部地区产的光滑红砖建成，底层上方的中楣是带雕花的石头，屋角突缀着鹫头飞狮造型。这座房子肯定花了他不少钱，他很为它感到自豪。伯父对布拉格非常好，对布拉格的功课煞费苦心，尤其是拉丁文课。布拉格总是跟自己的伯父在药店里费劲地解读《埃涅伊德》，当然，当顾客很多时，布拉格的伯父偶尔也会去招待顾客。他们的解读是奇特有趣的。《埃涅伊德》中有一些未完成的诗句，他们试图从前一行省出一些音节以便得到两个六韵部，而没有注意到有半行是未完成的。

其实，布拉格的伯父也是一个很严厉的人，相当盛气凌人。他甚至在自己家里也不总是平易近人，在镇上更是如此。他喜欢按他看起来是正确的方式去行事，通常总是那样。他经常严厉地教训布拉格，训起话来要个把小时。他从未因任何人而改变过他的观点。但他有伟大的抱负，并总想让自己的家人分享他的抱负。他对自己和布拉格都很严格，激励布拉格尽最大努力地去做事，不允许丝毫马虎和懒惰。总的说来，他很亲切，也很幽默。他晚年的时候性格柔和多了。

但也就是在这一年，学校里发生了一件大事。那年，整个学校受到传唤，理由是学校里的学生非法入侵巴拉萨拉附近的一个旧磨坊。因此，学校里的所有学生都不得不排着长队到卡斯特莫的法庭接受一个叫曼恩岛陪审团的审问。陪审团是由曼恩岛的农民组成的，而且他们还认定这些学生有罪。因此陪审团把他们全部放到了被告席上，并从学生中间挑出了几个人，而这里边就有威廉·亨利·布拉格。当陪审团问到布拉格时，布拉格承认自己去过那里，但当陪审团问布拉格为什么要搞破坏时，布拉格却说无可奉告。这时，起诉师高兴得不得了，因为他认为自己终于抓住了一个罪魁祸首，但当他知道当时布拉格只是掉进了大水轮里边，用脚向上踏才让水轮转动起来时，他非常失望。

最后，法庭宣判对所有的学生进行罚款，而且包括布拉格在内的几名被挑出来的学生罚得还会重一些。

在学院的最初两年时间里，每学期为半年，每年都有很长的假期。在每半年中间，学生们有两周的休息时间，但是当时对于布拉格还有所有的学生来说，这两周时间根本就不值得回一次家，因此在这两周里，同学们依然会待在学校，闲逛、打球、郊游。在郊游时，一些老师们的家人也参与到其中。那时他们最常做的事情，就是把草莓和糖一层一层地交替放在果酱罐里，并压挤它们，让它们来做果酱的替代品。

5. 剑桥大学学生

1880年，年仅十七岁的威廉·亨利·布拉格争取到了去剑桥学院的奖学金，但是，剑桥学院方面却希望布拉格等一年再去，因此，布拉格又返回了学校。因为是最后一年，所以所有的功课都是布拉格自己来安排，当时他是学生头儿，又是板球队的球员之一，因此，除了做功课之外，他在学校里还有很多其他的事情要忙。或许正是因为如此，那年的功课没有做好。当布拉格再次赢得剑桥学院的奖学金时，他希望会是比上次更好的奖学金。可实际上，这次的奖学金不如上次，甚至可以说远不如上次，如果不是他上次取得了成功，他可能一分钱的奖学金都拿不到。

在这一年当中，布拉格的功课一直是跟其他的学生分开的，当时的老师对他也非常头疼，甚至还要对他进行特殊指导。但布拉格一直认为，让他的学业停滞不前的最主要原因还是当时的宗教体验浪潮。

事实上，威廉·亨利·布拉格是在乡村的一个教堂当中开始他的宗教信仰体验之旅的。在那里，他的外祖父伍德布道自然神论。可到了后来，由于身边亲人的影响，宗教渐渐变得不再那么和蔼可亲了。阅读《圣经》是强制的。布拉格曾经说过这样的话："如果我在写作上有任何风格的话，那么一定是在基督教《圣经》的钦定译本基础上培养出来的。"由此可以看出，那时的威廉·亨利·布拉格非常熟悉《圣经》，甚至常常能给出章节的出处。

但是，威廉·亨利·布拉格一直很反感《圣经》，他觉得《圣经》上边的解释都只是强调了字面上的意思，而在实际生活当中，《圣经》上的一些词语对不同的人来说意味着不同的事情。当人们想起它时，"本义的"只是意味着读者在对那些语句进行解释的基础上认为的作者的意思，但在实际生活当中，那些词句对不同的人可能就会有不同的意义，甚至还有可能随着时间的流逝而改变其中的意义。

有一次，布拉格与弟弟杰克鼓起勇气去找校长请教，但校长没有理解布拉格和他弟弟的困难。后来，布拉格很久没有再碰《圣经》，因为他很怕再去读它。

总之，这一年让布拉格变得十分沮丧。他非常诚实、善良，但他最喜欢的还是那种让人感到愉快的平静。

虽然年轻的布拉格在宗教方面并没有像他在学习方面那样出色，甚至他还因为这次宗教浪潮而对宗教产生了畏惧心理，但是，布拉格从小就是一个非常聪明的孩子，再加上母亲在布拉格年幼时对布拉格的精心教导，这也就为布拉格日后的成功奠定了良好的基础，当威廉·亨利·布拉格完成威廉国王学院的学业时，他的脚迈进了剑桥大学。

众所周知，剑桥大学是世界名校，古往今来，全世界不知道有多少优秀的学生都会削尖了脑袋往剑桥大学里钻，而布拉格则有幸成为这其中的一员。1881年，威廉·亨利·布拉格终于踏进了闻名世界的剑桥大学，入读三一学院。和其他刚刚来到剑桥大学的学生一样，这里的一切对于布拉格来说都是那么的新鲜有趣，美丽的风景和悠久的历史成为剑桥大学最吸引人的地方，但是从小就热爱学习的布拉格并没有被这些夺走了自己的注意力，更没有因为自己进入了剑桥大学就心生骄傲。跟以前一样，在剑桥大学里，布拉格还是那么一如既往地刻苦学习，尤其是在那年的暑假，他在那里听了一门非常不错的初级课程。那时，布拉格住在教师宿舍，对学校里的一切美景都非常欣赏。在所有的课程当中，布拉格最喜欢上罗斯的数学课。罗斯和布拉格一样，也是一个非常爱学习的人，但他要比布拉格更有才华，可是有一点他跟布拉格一样，他们都是内心孤独的人。罗斯的数学课很少有人去听，因此，每当布拉格来听罗斯的课时，偌大的教室除了他自己以外再无一名学生，他跟罗斯惺惺相惜，但是除了罗斯以外，布拉格再也没有别的朋友。

或许是出于对剑桥大学的喜爱，也或许是出于对知识的渴望，每当到了暑假，其他学生都高高兴兴地回家了，但布拉格都会留在学校里听课。布拉格认为，那是一段非常美好、快乐的时光，几乎没有任何约束，只有罗斯每周三次的定期课程，还有为相关的课作准备。在这之后，就可以去打一场酣畅淋漓的网球，或是在剑桥大学的湖中泛舟、荡漾。

无疑，对于布拉格来说，在剑桥的生活是最美好的，虽然那时他知道加强与人交往的能力会让他变得更出色，他也知道除了罗斯的数学课之外，他也应当对别的事情或者是别的人感兴趣，但事实上他并没有这么做。因为他觉得他根本应付不过来，如果他去参加学生会或者是什么划船俱乐部，就会浪费很多机会。他也没有跟其他的年轻人去讨论世界大事。

当然，布拉格也不是那种不食人间烟火，完全与世隔绝的人，他也打曲棍球，但那时他们一般都是用树枝做曲棍。

1882年，布拉格得到了一项奖学金。这让他终于在学院拥有了属于自己的一席之地。这时的布拉格已经有权利不经过选举就可以参加剑桥大学的网球俱乐部，他终于可以穿上那梦寐以求的草莓色和奶油色的运动衣了。

1883年，布拉格参加了剑桥大学的荣誉学位考试，或许是因为布拉格觉得在剑桥大学上学的学生个个都是难得的人才，从小学习成绩就一直名列前茅的布拉格这次却明显不在状态，他不但感觉疲劳，甚至有些害怕。特别是在考试的前一天，他翻来覆去的怎么也睡不着。虽然这是一次不寻常的体验，但是这并不表明布拉格的情况真的不妙了。

后来，布拉格给自己的伯父写了信，伯父看到他的信之后非常吃惊，赶忙到剑桥大学来看布拉格。布拉格担心自己没有考好，便怀着忐忑的心情去考试部听结果，当布拉格知道自己的名次是年级第三名时，他自己深深地吃了一惊。因为在这之前他从没有想过自己的成绩会如此之好，甚至就算在自己乐观的时候也没想到自己居然会有这么高的名次。那时的布拉格感觉自己完全被带到了一个全新的世界，他不但重新找回了自信，并感到非常幸福。

1884年秋，布拉格按照当时学院的安排准备荣誉学位考试的第三部分，虽然他感觉自己考得并不是特别好，但他始终相信自己一定会名列前茅。结果果然不出所料，布拉格取得了一等成绩，甚至比一些比他要高一等的学生都要好。后来，有一个出版商找到了布拉格，要布拉格回答《史密斯锥线论》的有关问题，这样一来好编成一本习题解释，当时的布拉格只有二十多岁，而且还是一名学生，所以，这样的任务让年轻的布拉格感到非常骄傲。但是，当时布拉格因为还有很多别的事情要做，所以最终回绝了对方的请求，那时，在布拉格的印象里，他认为他的这次回绝能够给自己带来五英镑的报酬，可实际上真正给布拉格带来的却远远不止五英镑，而是一百五十英镑！这个数字让当时"一心只读圣贤书"的布拉格明白，原来自己除了读书之外，对外边的世界了解得是那么少。事实上，那时的布拉格是一个非常封闭的人，甚至是胆小、羞怯的，因为他总是把自己一个人"关"在一个角落里，而别人根本无法进入他的世界。布拉格虽然总是不停地在知识的海洋当中遨游，但是这也让他失去了书本以外的世界。正所谓有失必有得，虽然那时的布拉格失去了很多的机会，但是他也得到了不少，或许这就是布拉格注定的命运，正是因为他舍弃了书本之外的花花世界，才让他在日后成为全世界著名的科学家。

1885年，布拉格以优异的成绩从剑桥大学毕业。

事实上，布拉格非常喜欢剑桥的生活，大学生活是丰富而美丽的，剑桥大学更是一个可爱的地方，而三一学院对于布拉格来说则是某种值得骄傲的归属。布拉格热爱大学本身和周边的乡村，热爱在大学里发生的所有事，热爱剑桥的一切，同时他也在那里学到了很多知识。正是这充实的生活让他深深地爱上了这个地方，而且他爱的不仅仅是学院本身，还有他的功课、娱乐以及周边的乡村，还有在这里发生的一切事情。对于布拉格来说，剑桥是一个可爱的地方，更是一个让他备感骄傲的地方。

第二章　事业的高峰与低谷

1. 帅气年轻的大学教授

1885年末的一个上午，布拉格穿过国王广场去参加J·J·汤姆逊在卡文迪许实验室举办的一个讲座，巧的是，在去的路上，布拉格正好遇到了讲演者本人。其实，布拉格和汤姆逊已经是老交情了，因为在这之前他们经常在一起打网球。汤姆逊告诉布拉格现在阿德莱德大学正好空缺数学和物理学教授的位子，年薪是八百英镑，本来想请成绩比布拉格更好的同学去的，但是对方根本就没有想去的意向，所以这个职位一直到现在依旧空着。布拉格听完之后感到有些惊讶，因为在这之前他从未想过有人会找这么年轻的人去担任这样的职位，而且，八百英镑的年薪对于一个初出茅庐的年轻人来说也实在是太多了。以当时布拉格的岁数来说，能够找到年薪三百英镑的工作就已经算是非常不错了。因此，这就好像是天上掉下了一个大馅饼，正好掉在布拉格同学的头上，可是对方还偏偏不肯要。虽然布拉格知道自己的成绩不如那个同学，但是年薪八百英镑的工资实在是非常可观，于是，布拉格希望接住这个没人要的大馅饼。他正式向汤姆逊提出，希望自己可以去试试，汤姆逊听完之后也答应布拉格帮他争取这个职位。

因此，演讲刚刚一结束，布拉格就急忙发了申请电报，或许是上天眷顾布拉格，那天正好是申请期限的最后一天。

几天之后，布拉格被通知去伦敦的澳大利亚总代理办公室面试。很快，面试结束了，布拉格回到了哈堡镇等消息，没过多久，布拉格就收到了一封电报，无疑，这封电报是通知他去上任的。当时的布拉格自然非常高兴，因为这份工作的薪水不但非常可观，而且还意味着他将踏上一片全新的土地，同时，来到别人的国家也带有一定的冒险性，但这更意味着布拉格不再从属别人，而是可以完全做自己的主人。

一个年仅二十三岁的小伙子刚刚从剑桥毕业就能成为一个令人瞩目的教授，这对于布拉格来说是天赐的良机，因为布拉格总算能够将自己从小学习的成果展现给大家，而布拉格也成为家族当中的骄傲。

布拉格兴高采烈地拿着电报去药店找自己的伯父，并且把信拿给伯父看，布拉格本以为伯父看到这封信之后会高兴得连蹦带跳，而且会把自己好好地夸奖一番，但没想到伯父读完了之后一言不发地忙完了手里的工作。之后，便带着布拉格在黑暗中穿过广场踏上了回家的路，一路上跟布拉格一句话都没有，正当布拉格心中不解的时候，布拉格的伯父却意外地昏倒了，这时布拉格的心里才明白，虽然这份工作对于自己来说意味着辉煌与成功、前程与未来，但是对于两鬓已经斑白的伯父来说，却是依依不舍的分别和无穷无尽的思念之苦，正是这让他感到非常伤心。但是威廉·亨利·布拉格能够有今天这样辉煌的成就，也全都是当年伯父辛勤教导的结果。对于当时的布拉格来说，他希望能够用自己的骄傲与辉煌来帮助自己的伯父渡过这伤心的一关。

没过多久，这件事情传遍了大街小巷，很多人都不相信这么年轻的一个孩子居然就能到大学里去当教授，因此很多居民跑上前来问布拉格的伯父这件事的真假，每当到了这时，布拉格的伯父不但对自己的侄子给予充分的肯定，而且还会和他们谈起自己引以为傲的"教授侄子"！或许是因为他太过于激动，他从始至终都非常紧张，好像生怕说错了什么话给自己的侄子丢人一样。

接下来的三周实际上是非常忙碌的三周，因为布拉格要为自己的澳大利亚之行做好充分的准备。布拉格还特意买了一两本有关澳大利亚的书，为的就是充分了解澳大利亚的民俗和历史。在布拉格临行的前一天，布拉格的伯父和姑姑特意来到伦敦给自己的"教授"侄子送行。

登船的那一刻，布拉格就开始了自己人生当中的伟大历险，并对这次的澳大利亚之行激动不已。布拉格深知，即将展现在他面前的是一种全新的生活，而主人就是布拉格自己。而且，澳大利亚不比伦敦，这是一个完全陌生的国家，虽然布拉格在这之前曾经特意查过一些有关澳大利亚的书籍，但是那仅仅是几天而已，对于这个年轻的英国人来说，澳大利亚这个国家充满了未知与新奇。在这里，没有陪伴他的家人，因此一切都要靠自己，虽然这是一个对布拉格来说完全陌生的领域，但布拉格还是对澳大利亚的生活充满了期待，因为从今天开始，他不仅要告别他的学生时代，而且要在很短的时间之内完成角色的转换。

六个星期的旅程很快就结束了，威廉·亨利·布拉格正式踏上了澳大利亚的土地。澳大利亚向布拉格展现了一个崭新的世界，同时也向布拉格展现了另一道美丽的风景。威廉·亨利·布拉格后来曾这样说道："去澳大利亚做一个全新的工作，可以得到一个有保证的职位。我在那里遇到的人、阳光、果树和鲜花，对我来说都是一种不可思议的变化。我知道我在英国就已经足够幸运的了，但到了澳大利亚之后感受到美丽的阳光和心旷神怡的空气，也同样让我感到非常庆幸！"

一个年仅二十三岁的年轻教授，再加上八百英镑的巨额年薪的英俊年轻单身汉，这一切原本是落在别人头上的，但是阿德莱德的欢迎深深地激励了年轻的布拉格，并让他有了充分的自信。

1886年初，布拉格来到阿德莱德大学就职。布拉格来到阿德莱德大学不久，就给自己的威廉伯父写信，在信中对自己全新的工作环境做了详细的描述。在伯父的回信中，伯父表达了对布拉格的成就感到自豪，并且相信布拉格一定会胜任这份工作。

澳大利亚阿德莱德大学建于1874年，是澳大利亚第三古老的大学，校史比英国的绝大多数大学都要悠久。

同时，阿德莱德大学是一所富有光荣传统的大学，自从建校以来，它一直在追求卓越、不断进取，保持自己在澳大利亚高等教育和研究领域中的领导地位。阿德莱德大学培养出很多学者，无论是其教学质量还是学校在全球的声誉都非常好。

但是当年布拉格来到这里的时候，这所学校才刚刚建立不久，所以当时阿德莱德大学的教育机构并不是非常完善。而且布拉格还发现，这个学校的物理系规模很小，可是对于当时的布拉格来说，这不但不是一件坏事，反而是一件好事。因为他之前虽然精通数学，可对于物理方面根本一窍不通，可现在阿德莱德大学已经聘用他为数学物理教授，所以他正好借此机会好好地补习一下物理，用他自己的话来讲就是："从现在开始，我必须努力地去了解一些已经过时的物理知识。"

一个从小精通数学的人长大之后突然被任命为物理学教授，今天的人们看了可能会感觉非常奇怪，但在当时那个年代却并不是什么新鲜事，像布拉格这样的任命不仅是在澳大利亚，在整个世界都是较为普遍的现象。如果我们去看看19世纪那些伟大的物理学家的资料就可以发现，他们在早年最为精通的都是数学，跟布拉格一样，他们都是在任教之后出于职务的原因才改变了方向。而且，那时的大学实验室基本上都做物理实验，很少有数学实验，因此对于布拉格这样的人来说，"转行"也就成了他们必然的选择。

实验室建立在1870年以前，但是那时的卡文迪许实验室根本称不上是什么实验室，不但没有相应的实验设备，甚至没有固定的实验场所，直到19世纪和20世纪之交，卡文迪许实验室的工作人员还在通过自己的双手来制造实验器材。

虽然那时的实验室还是一个简陋甚至是可怜的地方，但卡文迪许实验室却早已名扬海外，有很多年轻人慕名前来，但提供给他们的课题并不多，因为那时实验室的资金还有设备仪器实在是太少了。

声名远扬的卡文迪许实验室的办公条件竟然如此简陋，这让志存高远的布拉格怎么也没想到，但布拉格最终还是选择了"既来之，则安之"。对于一个实验室来说，最重要的无疑是实验器材，但是那时的实验室却要什么没什么，于是布拉格决定，自己先到镇子上的一家设备制造公司去当学徒，学习怎样制造实验器材。可就是这个无奈之举，却让卡文迪许对这些实验研究仪器引起了强烈的兴趣和对实验工具的极度关心。在布拉格的职业研究生涯中，他只跟两个机械师进行过合作，一个是阿德莱德时期的罗杰斯，还有一个就是在利兹时的杰金森。后来他们都与布拉格成为很好的朋友，布拉格也和他们一起设计了一些既简单又实用的实验设备。

此外，布拉格还必须学会讲课，虽然他在学校的时候是一个学习非常好的学生，可是一个好的学生并不代表就能成为一个好的老师，如果不能在讲台上把自己的知识准确无误地教给学生的话，那么即使布拉格再怎么满腹经纶也是无济于事。

当然，从小就聪明绝顶的布拉格对此非常清楚，所以在这之前他一直在进行刻苦的努力。可是万事开头难，年轻的布拉格在刚开始讲课时并没有给大家留下太深的印象，但布拉格没过多久就掌握了讲课的学问。到了1895年，他已经招来了大批的学生听他讲课，甚至还在大学附近设立讲座。他在学习物理学和教课的同时，也找到了属于自己的快乐生活。

2. 成为托德的乘龙快婿

布拉格后来在澳大利亚和一个叫阿尔弗雷德·兰顿的医生一起住下来。兰顿是一条移民船上的随船医生。布拉格第一天来到阿德莱德的时候，友好的兰顿医生约布拉格跟他一起坐四轮的遮篷马车兜风。他们拜访了托德博士家，绿色的无花果树让布拉格感到心旷神怡。他们在天文台吃了中午饭，那是布拉格第一次去托德博士家，他们是快活有趣的一家人，他们是如此的友好、开朗和善良。

查尔斯·托德于1855年由格林尼治天文台派往阿德莱德政府做天文家，他身上始终肩负的一项使命，那就是在澳大利亚建立新的通信系统。他带着自己十九岁的妻子爱丽斯，还有女仆和钢琴，在海上行驶了三个月之后，终于来到了阿德莱德镇，那时，阿德莱德镇刚刚成立了十八年。

阿德莱德人是第一代和第二代英国移民，他们在新的土地上积极开创自己的生活。祖国已离他们很遥远，但那仍是他们的"故乡"。每当有邮件寄到时，邮政局的维多利亚哥特式塔顶上就会升起一面旗帜。英国的风俗得到沿袭，英国的生活方式受到仿效，但那里的等级制度与在英国中部所知道的差别很大。南澳大利亚的上层阶级是牧场主，他们有方圆数百英里的土地；而知识阶层是大学教师；当然也有"穷人"，有些人还相当贫穷。但阿德莱德社会是城市化的社会，人们衣着时髦。在这块其他艺术不易得到的土地上，服装却是一种有创造性的艺术。从一些旧信件中，我们可以得到这样一个印象，即阿德莱德人都要花许多时间举办聚会，坐四轮马车（后来是骑自行车）兴致勃勃地去郊游，千方百计地筹备某种活动，在固定的休息日去看望一下朋友们是否平安。娱乐活动一般在家中举办，而托德家就是这种热情、好客、友好生活的中心。

托德首先在阿德莱德和墨尔本之间建立了联系线路，他为此经常一个人在丛林当中穿梭前行，勘察地形。直到1872年，他终于实现了自己的梦想，即通过"路上线路"阿德莱德与北方的达尔文港连接起来，再由海底电缆与欧洲接通。作为天文学家、电报检察官和邮政部长，托德在这块殖民地深受人民群众的爱戴。他在1889年正式成为皇家学会会员，1893年被封为爵士。当他回到伦敦，坐上双轮马车回"家"时，同样会立即为人们所知。有许多关于他的故事，比如他奇特的预见力，阿德莱德的邮差如何蓄像他一样的胡须。当他年事已高时，托德妻子在举办家庭聚会前的一两天总要设法让他呆在家里，否则他会邀请他遇到的任何一个人。

托德一家住在雷特斯的天文台，是一座带有宽阔走廊的两层楼房，周围还有一些围场。

托德对他的家庭非常温和，他一直深爱着自己的妻子，而他的妻子爱丽斯也对丈夫保持着长久的热情，作为一个基督徒，上帝的指引就是她的准则，无私就是她的美德，正是他们之间的爱情让他们的生活时时刻刻充满了欢乐与幸福，除了他们的地位之外，温暖的同情心让他们结交了许多朋友，并得到了自信心。

布拉格没过多久就成为天文台的常客，托德一家人也非常喜爱这个年轻有为的教授。

格温是托德的女儿，她第一次在天文台见到布拉格的时候只有十六岁，但是在第二年她就给布拉格写了一封信：

亲爱的布拉格教授，非常感谢您给我送来的那些鲜艳美丽的花，当我看到那些鲜花的时候，我的心情激动无比，我认为那些鲜花值得我生一场百日咳。

从格温给布拉格写的这封信当中，我们可以看出，当时的格温已经完全被布拉格的气质吸引，帅气的面孔和教授的职称足以让这个年仅十七岁的少女情窦初开，可以说，格温对布拉格是一见钟情。虽然在这封简短的信当中并没有"我喜欢你"或者是"我爱你"这样的字眼，但是从"我认为那些鲜花值得我生一场百日咳"这句话当中足以看出格温见到布拉格之后激动的心情和她对年轻有为的布拉格的爱慕之意。而布拉格也对格温的印象非常好。

或许这就是上天注定的缘分，布拉格与格温在一起的机会很快就到来了。1888年，格温与他的哥哥查理一起去斯塔尼马拉度假，布拉格也跟他们一同前往。这无异于一场格温与布拉格的约会，在美丽的风光之下，他们度过了一个又一个美妙的夜晚，而他们之间的感情也越来越深，终于，布拉格鼓起了勇气，向格温求婚，对于布拉格的求婚，格温激动得热泪盈眶，并立刻答应下来。但是，这并不意味着他们从此以后就可以顺利地成为夫妻了，因为根据托德家里的规矩，像谈婚论嫁这样的大事小孩子是没有什么自主权的，不论是娶媳妇还是嫁女儿，都要经过父母的同意才行。

查理赶快给家里发了一封电报，将格温与布拉格的事告诉了父母，没过多久，就得到了父母的回信：衷心地祝福他们！

1889年7月1日，格温与布拉格顺利地走入了婚姻的殿堂，在这之后，他们一直相亲相爱、相敬如宾地生活在一起，不过他们之间的婚姻生活也并不是一直都那么浪漫有趣的。格温有一次告诉自己的女儿，当时自己之所以嫁给布拉格，是因为她完全被布拉格的才华迷倒，再加上他年轻有为，所以她深深地坠入了爱河，甚至不顾一切地和布拉格相恋。但是那时自己毕竟还是情窦初开的年龄，根本不知道谈恋爱跟过日子的差距与不同，所以那时的自己也根本没想到他们婚后的生活，即便是在结婚之后，格温也还是一个刚刚年满十八岁的少女，还是天真烂漫的年龄，根本就不想去承担什么家庭的责任与义务，但她也非常满足，因为她知道，在这个世界上恐怕没有比布拉格再好的丈夫了。

婚后的布拉格知道能拥有现在这样一个家庭非常不易，所以，他一直深深地爱着自己的妻子，爱着这个家，他更想尽自己的一切力量来守护好这个家。

但是，布拉格毕竟是一个教授，他每天要做的工作就是给成百上千的学生讲课，还有批改他们的考卷。一次，布拉格让格温和她的姐姐出去度假旅游，而自己则坐在阿德莱德的教室里不断地批改学生的考卷，同时撰写自己的演讲稿。或许就是在那时，布拉格开始警觉起来，他在想，如果他自己一直跟格温在爱河之中缠绵的话，或许他们之间的爱情会变得更加长久、新鲜，但那时的他还能够聚精会神地工作吗？而自己的情绪还适合继续工作吗？为此，他感到十分焦虑。格温知道以后，便安慰布拉格道："你不必总是试图疼爱我更多，那样你会觉得非常累。如果你有时感觉你无法如你所愿的那样爱我，就顺其自然吧，只需要在远处静静地看着它，将它认为这是自然的，不要再想这些了，我不想让这些事把你弄得如此烦恼。"

或许爱情也是一门需要实践的艺术，在来阿德莱德之前，布拉格除了跟他一起长大的表妹之外，就再也没有跟其他的女生来往过。不过，他们的蜜月还是非常愉快的，格温在这期间曾经写信给她的姐姐，在信中，格温对她的姐姐说他们婚后的蜜月期非常美好，一切都是那么的甜蜜、幸福，这甚至会是她一生当中最幸福的生活，同样，布拉格也是这么觉得的，有时甚至会觉得太幸福了而想办法让彼此镇静下来。

后来，他们终于有了自己的一片天地，在莱弗尔梯街建立起了自己的家，他们还雇用了两个人，这绝不是因为布拉格想要过高档的生活，而是因为当时格温的岁数还太小，而布拉格虽然比格温大不少，但是他根本就不知道该如何照顾自己。他在家的时候经常会在餐桌上办公，直到所有的菜都上齐了，刀叉全部摆好之后他才会把自己手中的论文、演讲稿等等收起来。

阿德莱德大学的生活虽然充实快乐，但是布拉格很快就发现学生的素质普遍太差，跟当年他在剑桥大学上学时根本无法相比，布拉格对此颇为失望。但是，他并没有因此而消极怠工，而是利用课余时间对这里的学生进行了充分的研究，他仔细认真地研究了学生们在中学时代的教育类型，逐一分析每个学生的性格与特点，考虑怎样才能加以改善，并针对这些问题发表了一些有针对性的演讲。

由于身处大学当中，如果是别人或许会将他的思想用于研究工作，但布拉格显然太谦虚了，而且还有一些不太爱冒险。后来，他在回忆自己在阿德莱德的日子时也这样说道："当时的我作为一个数学家和物理学教授，长期致力于平凡的教学和管理事物或许是错误的，但这些也可以做出某种解释：在这之前，我虽然是一个数学天才，但是没有经过任何实验室训练，自己也没有接触过任何研究工作，事实上，那时的我从来没有像现在这样系统认真地研究过物理学。"

从另一方面来说，那时的大学也并不要求他们的教授做什么研究，布拉格总是在做最贴近的事情，他把教学和某种对教育工作的改革当成了自己的工作，并从他的教学活动做起。

尽管如此，布拉格依然时时关注着欧洲科学的进展，当然，那时欧洲的科学也足以让人振奋，当时布拉格能做的，就是仔细地去了解欧洲的科学，并且在实验室里将欧洲科学家做过的实验再重复做一遍。

3. 多才多艺的布拉格

1891年，威廉·亨利·布拉格终于写出了他自己的第一篇论文，这篇论文是：《处理静电定理的"弹性介质"方法》。

在1895年的一份简报上曾经这样写过："该教授在实验操作中的熟练与成功，开启了一门深奥的科学分支的难点的极其简明的方法，这给他带来了广大的赞誉，他表明，将真理传达给公众时，讲座可以具有初级的特征，而坐在台下的听众也不必非要具备相关的物理知识。"

后来，布拉格开设了一系列的讲座，不断地将自己的成果介绍给听众，渐渐的，布拉格的听众越来越多，甚至已经到了络绎不绝、开始抢座位的地步，而这还是在许多人已经被劝出报告厅的情况下，由此可见，当时的布拉格不仅是一个年轻有为的教授，更成为阿德莱德的名人。

同时，布拉格还对无线电报非常感兴趣，跟之前一样，他也做了很多关于无线电报的讲座，在这里我们可以引用1899年一份简报上的话："他非常谦逊地提到他与查尔斯·托德爵士正在做实验。"不过，报告人夸口说："该实验已经在英国受到了谨慎的注意。听讲座的人非常多，如果说非要找一找布拉格教授讲座的缺点，那就是这位年轻有为的教授的语言太过简明，跟其他教授相比，布拉格教授的主题简单明了，而且非常容易被人理解。我相信，一直为自己的丈夫感到骄傲的布拉格夫人肯定向她的朋友们解释了他们所有没有听懂的内容。"

当然，同剑桥大学的生活一样，布拉格虽然工作繁忙，但是得出空闲也还是要娱乐娱乐的。布拉格经常打网球，并且在一次网球锦标赛上获了奖，此外，他还帮助设计了高尔夫球场并且获得了一枚奖章。一位记者曾经这样写道："布拉格教授的高尔夫球技是他一直刻苦努力的结果，在他的高尔夫球生涯当中，他几乎每天都坚持训练，这让他自己成为一名主攻手。"他还将曲棍球引进澳大利亚，并且担任阿德莱德队队长。到了19世纪90年代，自行车又成为他的爱好。

每次到了暑假，他都会来到蓝蓝的海边，用几周的时间去晒太阳和享受闲暇，在蓝蓝的海面上，洁白的浪花翻卷着撞击着海岸，你甚至可以在半英里外听到沿着海滩传来的海浪的呼啸声。威廉·亨利·布拉格的长子威廉·劳伦斯·布拉格在海边搜寻着各种各样的贝壳，并把这些贝壳作为一种极好的收藏品。此外，他还在海滩上发现了一种新的乌贼，他爸爸把这种乌贼命名为"布拉格乌贼"，而且他一直引以为豪。他总是喜欢独自一个人做事，比如说及贝壳，在脑子里充满无限的幻想，那时，他的智力早已经超过了学校跟他同龄的孩子，但他并不像他的弟弟那样非常善于做游戏。布拉格的次子虽然不像他的哥哥一样聪明，但他是一个顽皮却讨人喜欢的小伙子，而且非常善于和自己母亲那种人打交道。

布拉格的妻子格温经常在暑假里练习素描，她的手艺还算是不错，在设计学校里可能是最好的学生。当他跟布拉格结婚时，校长甚至还抱怨地说道："可惜啊，一个优秀的艺术家就此消失了。"在这之后，她虽然可以继续画画，但必须在满足家庭和谐和社会生活之余的条件下进行。可就是这不时的创作感染了她的丈夫布拉格，使堂堂的一个大学教授拿起了画笔，和当初学习怎样打球一样，他以同样谦虚的态度认真地进行练习。他们把他们的作品送到南澳大利亚艺术协会举办的年度画展上展出，评论家曾经这样评论道："在这次成功的画展当中，有一些作品，主要是一些素描，是威廉·亨利·布拉格和他的妻子格温夫人所画。它们的体裁与所产生的效果是如此相近，任何一个艺术家都会被他们的作品迷住。"

此外，有报道也说道："威廉·亨利·布拉格所画的《晚霞》是独特的，给人留下了很深的印象；而他的《荒野》则是一个非常精致的作品，掺杂着杂草和植物、鲜花和簇叶。"

除了画画之外，格温也是一个爱唱歌的人，她时常会充满热情地吟唱圣歌和在当时最流行的《吉尔伯特和苏利文》，而布拉格则在一旁柔和地用长笛为她伴奏。劳伦斯则喜欢和他的朋友们组织一些活动。

4. 布拉格的回国之路

1897年，布拉格一家人启程去英国旅行，在这之前，格温从来没有离开过澳大利亚，但是这次，她要带上自己的孩子，回到布拉格的故乡，去看望布拉格的伯父威廉和詹姆斯叔叔。途中，他们游览了埃及和意大利，随行的孩子们则由格温的大姐负责照看。

这次旅行是激动人心的，而且在这之前也做了充分的准备。他们于1897年12月17日开始了这段不平凡的旅行，并且特意准备了一套可复写的副本作为记录纸，用于写日记和发送复制的信件。他们几乎坚持每天写日记，当然，如果他们太激动时也会把这件事远远地抛在脑后，日记中的笔记是两个人轮流写下的，在日记当中，他们记录了当天游客的逸事和天气情况。他们首先到达了埃及，并住在了谢菲尔德旅馆。格温非常喜欢那里著名的平台屋顶，并高兴地说道："我坐在那里一个星期都不觉得累，在那里我可以欣赏人们来去匆匆的身影。"布拉格接着又写了几页："我们到这之后听说谢菲尔德旅馆现在被认为非常放荡，许多正派人士都已经搬到别的地方去住了，但这里还是挺有趣的。"

他们观光、采购并看到了金字塔。布拉格曾经这样写道："这是我们第一次看到金字塔，我们感觉到非常奇特。"

后来，他们乘坐一条蒸汽船沿着尼罗河上行。一天晚上，他们在船停泊后摸黑上岸，到了铁路，蹒跚走过一排军用机械和士兵装备。沃利克郡的军队正在开赴苏丹战场，参谋人员上了他们的船，布拉格和妻子格温同对方的参谋长、参谋以及苏丹军记者交上了朋友。

离开神秘的埃及之后，他们又来到了意大利。这时，他们将那些迷人的描绘寄到阿德莱德，天文台的朋友们读完之后，托德就骑上自行车把它们送给镇上的朋友们看。布拉格和格温在罗马和佛罗伦萨买了一些意大利古都庞贝的照片、米开朗基罗和拉斐尔作品的棕色复印件，在马赛和孩子们会合，最终到达了英国。

布拉格在英国的几个月过得非常充实，在这几个月当中，他不但参观了学校，对英国的教育也进行了详尽深入的考察，以准备他许诺的研究报告。此外，他还参加了在阿波利斯特维斯的教师大会，并与格温一起骑自行车游览了威尔士。格温和孩子们在哈堡镇与伯父一家呆在一起，她还到伦敦买了不少东西，由于她父亲的缘故，她还和布拉格一起访问了格林尼治天文台，并受到了威廉·哈金斯爵士及夫人的招待。不过更重要的是，布拉格在此期间会见了一些科学家还有同行，并跟他们进行了深入的交谈，由此，当他回到阿德莱德之后，他感到在思想上与英国正在进行的新研究工作更接近了，因为这是通过个人接触才得到的。无线电报实验就是这次旅行的第一项成果。

世纪之交时，布拉格大约三十八岁，这时，他在阿德莱德已经待了十五年了。在这十五年当中，他不断地追求、学习，重复做实验。但他从来都没有积极地参与过研究工作，在新世纪的最初几年，他对科学前沿工作越来越感到兴奋，当多年以后他谈到那时的感受时，他这样说道："我们觉得我们是自然界炼金术的奇异过程的观察者，但我们也仅仅是观察者，我们似乎还没有能力涉足卢瑟福要我们去观察的放射现象。"

可就在这时，命运之神来到了布拉格身边，并给了他一次推动，正好把他推进了这个圈子。威廉·亨利·布拉格被任命为澳大利亚科学促进会物理部主席，并解释了最近发现的电子和放射现象。而且还写了一封信给加拿大的卢瑟福教授，卢瑟福对布拉格的发现非常感兴趣。而这时，布拉格已经将自己的论文寄给了《哲学杂志》，并且给J.J汤姆逊也写了一封信。后来，布拉格不断给卢瑟福写信，在这些长信中布拉格向卢瑟福描述了自己现在的工作，除此之外，剩下的基本上都是论文。

通过这些我们可以看出，布拉格是多想把这些新的思想跟卢瑟福分享，他的结论都是有充分的材料作支持，而卢瑟福对布拉格也给予了充分的肯定和支持。就这样，布拉格终于开始了属于他自己的研究生涯。虽然在这当中充满了艰辛，但是布拉格始终对卢瑟福和索迪充满了尊敬与依赖。

1907年，威廉·亨利·布拉格的论文在《哲学杂志》和《皇家学会哲学会》上发表，同一年，一家阿德莱德报纸上登出了大字标题："新澳大利亚皇家学会会员"，卢瑟福是布拉格的推荐人之一。

这是一段美好的时期，谦虚的布拉格热情不断高涨。1907年1月，英国利兹大学化学教授亚瑟·史密斯，建议布拉格担任空缺的物理学教授。

可是当时曼彻斯特的麦克吉尔大学也要重组，有人建议布拉格成为麦克吉尔的新的理论物理学教授，并写信告诉了布拉格。一边是麦克吉尔大学，一边是利兹大学，这两个建议几乎是同时出现的。布拉格左右为难，不知道到底该去哪里好，就在这时，麦克吉尔大学遭受了一场损失重大的火灾，严重削弱了学校的财政能力，对布拉格的不明确提议也因为这场大火而不能确定下来，于是，布拉格便接受了利兹大学的邀请。

到此为止，布拉格在阿德莱德的生活就算是结束了。但毫无疑问，布拉格热爱他在澳大利亚的生活，他在那里已经在大学教学、通俗讲座、教育工作、体育运动甚至在艺术方面取得了成功。他是一位受到高度尊敬的市民，是公共图书馆、博物馆和艺术馆的负责人，他是所在教区和教堂的栋梁，他还是阿德莱德大学和矿业学院的评议员。

后来，当人们采访到布拉格时，布拉格毫不掩饰地说道："我对这项工作非常感兴趣，正是因为这个原因，同时也只有这个原因，才让我离开阿德莱德。"

由此可以看出，这项工作让他多么激动，因为利兹将提供给他一个探索和研究的机会，一些简报刊登了带颂扬性的告别辞，其中一篇文章声称："澳大利亚已经将它的梅尔巴送回了家，现在又让它送走它的布拉格，记录中提到很多欢送会、赠品和礼物，但未提及家庭的告别，与老查尔斯爵士的告别肯定特别艰难，或许这位老人会把自己的兴趣转移到布拉格从英国带给他的地震仪上。"

就这样，布拉格一家乘伦德船队的新轮船离开了澳大利亚，船上有布拉格和格温、刚从大学毕业的十八岁的劳伦斯、十七岁的罗伯以及卡洛埃，再有就是家庭保姆和一个又一个的黑色大皮箱。

5. 痛苦无为的利兹大学教授

1909年3月，布拉格一家在普利茅斯登陆，虽然布拉格已经离开了阿德莱德，但是布拉格一直与他在阿德莱德的仪器设备制造员罗杰斯保持着密切的联系。

布拉格一家到达这里没几天，他就带着妻子去了利兹大学，把全家留在了普利茅斯，暂时租了房子住。利兹的人非常不错，布拉格后来这样描述道："我遇到的所有人都很好，这个地方本身很脏，甚至连教区都是如此，但也可以出去到北方美丽的乡村。"刚到这里时，布拉格一家被这里的天气冻得要命，大雪覆盖了整个英国，布拉格在曼彻斯特与卢瑟福呆了一天，并同他一起做了一些研究。

可是，在澳大利亚长大的格温却对利兹的灰尘、黑烟，对那里的一排排简陋的背靠背的房子感到非常震惊。唯一鲜明点儿的景观就是刷白了的门阶，人们必须跨过而不是踩在这些门阶上。

　　布拉格一家在一所带家具的房子里住了几个星期，那时，家里的孩子们根本不知道该干什么，对于从小就在澳大利亚长大的格温来说，利兹的环境显然让她不可接受，无论是外边的环境还是利兹大学给布拉格创造的环境都让格温感到非常失望，因为这里跟澳大利亚比差太多了。在阿德莱德，布拉格用他自己的物理概念给学生授课，那时，他是南澳大利亚唯一的一个物理学家，但是在利兹就完全不一样了，他不得不去适应一种等级制度，让自己的授课符合教学大纲。因此，他感到非常压抑。在阿德莱德，学生们总是能沉醉在他的词汇中，可是在利兹，这个博学多才的物理学家却未必能赢得学生们的心——在他上课时，学生们总是跺脚起哄，至于他的讲座更是进行得糟糕透顶。可以说，在利兹的生活跟在阿德莱德的生活完全不同，布拉格怎么都没想到，利兹人学跟阿德莱德大学之间的差距会这么大。在阿德莱德的时候，布拉格无论是站在教室当中的讲台上还是站在讲座讲台上，他都拥有主动权，布拉格会用自己丰富的知识还有简练的语言将他们带到一个神秘莫测的科学世界，在这个世界当中，无论是教室里的学生还是坐在台下的听众都是迷茫的，甚至是一无所知的，而这时的布拉格则会运用自己丰富的知识和简练精干的语言引领他们一步一步地去探索，一步一步地发现、总结。因此，他们都会跟着布拉格的思想走，而布拉格也成为一盏指路的明灯，为人们照亮那无穷无尽的科学之路。

　　可是，现在的利兹大学却要让布拉格完全改变以前讲课的方式，让布拉格屈服在英国的教育制度之下，这对于布拉格来说是非常难以接受的。但是布拉格已经回到了英国，迈进了利兹大学的校门，就算心里有再多的不满，布拉格也只能选择接受令他颇为无奈的现实。

事到如今，再看看曾经在澳大利亚的生活，是那么的美好、幸福，那么令人向往。在澳大利亚，布拉格拥有朋友，拥有阳光海滩，拥有社会地位，但是到了利兹，这一切都在瞬间化作了泡影，或许之后布拉格到了利兹才知道什么是往日的成功。可以说，现在他是靠自己的研究能力返回到英国的殖民地教授，但是研究工作却暂停下来，在这糟糕的三年当中，布拉格坚持他在阿德莱德大学时的X射线微粒理论，并且跟查尔斯·巴拉克教授的波动理论打了一场冷战。

在他与巴拉克争论期间，卢瑟福帮助布拉格在利兹度过了孤独的三年，这两位朋友之间光信件就有三十封之多，而且他们还会经常会面。

在这段糟糕的日子，来自卢瑟福的信对于布拉格来说意味着更多，而实验室有助于支持他的观点。布拉格与卢瑟福在这场争论的关键时期通了信，这显示了科学论战的复杂性，卢瑟福的友好与幽默是让人感到愉快的。

布拉格一直坚持他的粒子理论，但是那时的他根本没想到他的工作会在未来受到肯定。随着时间的流逝，他在澳大利亚二十多年来所积攒下来的自信已经渐渐地消失了，现在的布拉格觉得当初自己做出回英国的决定简直是大错特错，原因很简单，因为在利兹最初的三年时间，他的生活状况是非常可怜的， 跟之前他在澳大利亚的生活简直有天壤之别。

6. 交际高手——格温

跟布拉格一样，格温一开始的情况也很糟，劳伦斯在1909年被送到剑桥参加长期假期，因此，这时的格温非常孤独甚至感到心灰意冷。

但是，自从格温有了房子以后，她的情况就开始逐步好转，玫瑰山庄是一所非常漂亮的房子，有一块草坪和一个很大的花园。红色的山楂、黄色的金莲花和紫色的丁香花从女贞树和月桂树的灌木伸出，周围还有石竹和石英石。格温找了两个女仆，保姆在格温外出的时候就给布拉格的女儿弹六角手风琴，厨师用茶杯给她算命。

此外，格温也开始交朋友，大厅里的银盘子堆满了来访者的名片，格温也一一回访，有时新来的朋友会用狗拉车将格温带走，而那些女士们只要坐在一起就会有说不完的话，她们每次一谈就是一下午。格温偶尔也会带自己的女儿去，当女士们带着面包片一起进屋时，女儿就和车夫一起等着。有时，她们很快就回来了，哪家的女士出来送行，格温就满意地在回访单上做一个记号，接着就去做下一个拜访。

利兹的上流社会非常富有，那些制造主们往往有许多仆人，举行盛大的晚宴，布拉格夫人跟其中的许多夫人都一起吃过饭，这其中有铁路机械制造商、成衣制造商、酿酒商和钢铁厂主，他们都是精明的而且具有公益心的人。格温失去已久的热心再次被他们唤醒了，她渐渐发现，其实在奢华的外表下也有很多不错的人。当然，在利兹的上流社会中并不只是有富有的人，因为在利兹，成功的企业主的第二代往往都会与绅士的第二代通婚。

一些女士假设教授的妻子也应该是有文化的，于是她们将格温选入"小猫头鹰社团"——那是一个规模不大但经过了严格挑选的女士俱乐部。她们每个月都要聚会一次，在这家或者是那家的客厅里读报纸。当然，布拉格虽然是满腹经纶，但是格温却并没有多少文化。

此外，格温还被选入到艺术俱乐部，她在俱乐部立即取得了成功。俱乐部成员举办速写聚会，她们坐在绿色阳伞下的凳子上，认真地描画前边的景物。此外，她还投身于社会工作。

格温对"儿童救护园"格外感兴趣，在当时，还没有成立国立儿童诊所，因此这个儿童救护园完全是一个自发的组织。

但很不幸的是，布拉格未能更多地享受到利兹和那里的人们的生活，他没有像他的妻子那样敲开利兹这块坚果。在最初的三年时间，他对自己的工作感到痛苦，虽然利兹是一个很富有的地方，但是这块财富之地并没有给布拉格带来好运，反而让布拉格非常不舒服。而当布拉格看到那些穷人的时候，他又会为那些人感到伤心难过，虽然他在打高尔夫球的时候有一些球友，在工作上也有亚瑟·史密斯的巨大帮助，但是，他的生活一直处于格温的庇护之下，这种习惯一直保持到格温去世。而格温在利兹结交的一些朋友关系甚至保持到第二代甚至是第三代。

布拉格一家来到利兹的第二年，他们得到了一栋别墅——"石鹿屋"。这令布拉格一家都感到非常高兴，而这栋别墅也让格温摆脱了这个肮脏的城市。

"石鹿屋"位于波尔顿修道院上方的瓦费戴尔，那是一座灰色的石头别墅，是布拉格每年以十英镑的价格从红脸膛的老约翰逊先生那里租来的。

这位约翰逊先生开了一间旅行马车站，位于大路的对面。在别墅旁，有一条小溪从灌木底下的卵石间的缝隙中喷出，然后流向草地。一条小路直通向独木桥。

布拉格的女儿卡洛埃非常热爱"石鹿屋"，每天都会非常高兴地看着那里的成年人，布拉格喜欢简单和安静，那里特别安静，只有树叶的沙沙声和溪水的叮咚声。格温自己烤面包，用水彩作画。

但布拉格最终还是辜负了利兹大学对他的期望，这种感觉让他非常烦恼。正当这时，布拉格收到了一封来自理查德·格拉兹布鲁克爵士的信，在信中，格拉兹布鲁克希望威廉·亨利·布拉格能够去哥伦比亚大学当校长。布拉格将这封信的内容告诉了托德，托德希望布拉格借此机会退出科学界，但是这显然不是布拉格想要的，之后，他又问卢瑟福怎么考虑这件事情，卢瑟福希望布拉格走马上任。在卢瑟福的支持下，布拉格决定去哥伦比亚当校长，因为那时的布拉格心里很清楚自己究竟想要的是什么。

1912年年底，布拉格终于结束了在利兹的生活，他的儿子为他打开了一道门，而布拉格也终于从这道门里走了出来，他们一起开始了伟大的科学冒险。

第三章　父子齐上阵

1. 威廉·亨利·布拉格的骄傲

　　或许是上天注定的命运，就在布拉格还在利兹苦苦挣扎的时候，他的长子威廉·劳伦斯·布拉格在他爸爸曾经呆过的地方——剑桥大学里边显示他的聪明才智。在这之前，他已经在阿德莱德取得了荣誉学位。他跟他的父亲一样，读的也是数学，在上大学的第一年便得到了奖学金，而跟他爸爸不同的是，他是在得肺病卧床的情况下参加考试的。之后，在父亲的建议下他将主科改为物理学，事实证明，这个决定给劳伦斯带来了许多成果，但同时也带来了许多麻烦。

　　劳伦斯在剑桥读研究生期间，他们在科学上的共同兴趣使他们成为朋友，无疑，拥有这样一个儿子让布拉格感到无比的骄傲与自豪，此外，他们还能在科学中找到共同的乐趣，这让布拉格在利兹的郁闷心境得到了一定的缓解，他们总是一起讨论那些新的思想，劳伦斯也时常给父亲写信，跟自己的父亲讲述他所参加的所有有意思的讲座。

　　劳伦斯在其他方面都是支持他的父亲的，但是在他父亲与查尔斯·巴拉克的长期战争中，劳伦斯却并不完全同意自己父亲的观点，不光是劳伦斯，整个剑桥的人都是如此。然而，在写到早期X

射线的研究工作时，劳伦斯仍然这样鼓舞人心地说："我相信巴拉克只得到了反射斑点，他简直是一个老糊涂！"

布拉格将他儿子的信保存起来，而劳伦斯却把父亲写给他的信都撕了，只有少数的信现在还保留着。

1912年，劳伦斯取得了博士学位，但只是初级学位。和他的父亲一样，劳伦斯也留在卡文迪许实验室工作，尽管X射线性质的争论还在继续，但德国的马克斯·冯·劳厄在1912年与弗里德里希一起发表了一篇论文。这篇论文很快就作为X射线的波动性的决定性证据而得到接受。

尽管布拉格最初的研究兴趣是放射性，但是在劳伦斯的发现当中，父子两个人都看到了某些不仅涉及X射线而且涉及所有物质基础实施的可能性，就在劳伦斯在卡文迪许实验室用简陋的设备仪器在不断摸索时，布拉格这位心灵手巧的仪器设计者和他的杰出的设备制造者詹金森在一起，制造了X射线分光仪。他们正是用这台机器，开始深入探索对放射性的研究，而劳伦斯开始研究分子晶体中原子的排列，这两项工作在不久之后就汇合成了一门新的X射线晶体学。

这不仅仅是父子的结合，更是两个大脑完美的结合，劳伦斯提供思想，而布拉格提供工具，前者通过后者得以检验和应用，如果布拉格没有发明出分光仪，劳伦斯估计永远都不会取得那样丰硕的成果。而且，劳伦斯正是通过他爸爸的专业建议，晶体结构研究才会在美国跃然领先。

当然，对于自己父亲提供的一切，劳伦斯也进行了高度赞扬，当多年之后他在皇家学院发表讲话时，劳伦斯这样说道："我父亲在处理X射线管和电离室方面的技术高超，你们现在一定难以想象当时的X射线管有多原始，在它们身上通过的电流不能超过一毫安，哪怕只有一小会儿，也会变得太热。放电将气体打进管壁，这将允许一些气体漫射过线管，并且大大的软化。我父亲在他的研究当中完全掌握了这些技巧。"

在1912年至1913年间，布拉格父子的共同研究不断有成果面世，劳伦斯将这段时间描述为淘金期，因为他发现金块到处都是。

可以说他们都非常幸福，对于劳伦斯来说，这是非常有前途的研究生涯，对于布拉格来说，这是自从阿德莱德那段日子之后再次出现了阳光普照的天气。他不但走出了在利兹留下的阴影，而且恢复了昔日的自信，这下，他总算可以为自己在利兹的职位进行辩护了。至于他跟自己儿子的合作就更高兴了，这时的他们都达到了创造力的高峰，最有趣的是，他们两个人一个进入研究领域那么早，而另一个又那么晚。

2. 渴望得到承认的劳伦斯

但就在他们父子正在逐步走入辉煌的时候，一朵乌云正悄悄地开始形成，对于劳伦斯来说，这是他人生当中的第一个低谷。

1912年11月，劳伦斯在《剑桥哲学会会刊》上发表了一篇论文，谨慎地就马克斯·冯·劳厄的照片进行了推测。但这篇名为"短电磁波通过晶体的衍射"的论文，并没有作太强的声明。他没有急于完全否定他父亲的粒子理论，他还为《科学进步》写了篇文章，标题为"X射线和晶体"，他在其中直截了当地反对他父亲的粒子理论。劳伦斯依靠这两篇文章确立了发现的优先权，但这仅仅是在出版物中而不是在人们心里。劳伦斯请求他父亲对他们的早期研究项目保密，但布拉格必定与同事们讨论过那些结果。晶体研究与他的X射线理论有关，而他天生又是一个坦率的人。或许由于该项研究让他过于兴奋，他一开始几乎未注意到在这之后会给他带来多少赞美。

其实，劳伦斯非常渴望得到承认，事实上，正是他最先解释了那些衍射斑点。实际上，劳伦斯的文章即使在出版后，文章的说服力和重要性也不足以与布拉格就有关问题在《自然》杂志上发表的两篇短评给人们的印象抗衡。在那两篇短评还有后来写的论文中，布拉格说得非常清楚，在这当中，一些关键的思想其实是他儿子的工作，但这种细节容易被那些只对结果感兴趣的读者们忽略。真正有影响的是布拉格和他的儿子劳伦斯联合署名的论文，这篇论文多达十页，于1913年初发表在《皇家学会会刊》上，该文用尽可能完整的形式提出了关于这个新学科的基本原理。但这篇文章的最后是联合署名，而不是劳伦斯一个人的论文。几个月后，劳伦斯自己确实写了一篇论文，讨论氯化钠的结构，这是继讨论金刚石结构的合作论文之后的又一篇相关论文。但这时，这个研究路线已经被大家认为是共有的领域，而不再是劳伦斯一个人的专有领域了。

很自然地，在英国学术协会会议和讨论物质结构的索尔末会议上，威廉·亨利·布拉格教授宣布了他们的研究结果。在索尔末会议的记录中，完全承认了劳伦斯作为开创者提出的思想，参加会议的成员还特意写了一张贺卡给劳伦斯，祝贺他"促进了自然科学的发展"。在贺卡上签名的有索末菲、居里、冯·劳厄、爱因斯坦、洛伦兹、卢瑟福和其他人。因此，他们了解劳伦斯所做的工作，但有一点似乎比这更重要，即在布拉格所提交的论文摘要中，没有提到劳伦斯。

可是，对于一个科学家来说，获得科学界的荣誉是非常不容易的，实际上，对于劳伦斯来说，得到科学荣誉更不易。劳伦斯曾写信给自己的父亲，要求他将那些原始论文寄给"所有对其感兴趣的人"。从这可以看出，劳伦斯一直在争取他的优先权，其实这也并不难理解，一个年轻人想要成名，想要出人头地，这也是很正常的事情。

可是，事情在这之后却毫无进展，这让劳伦斯感到非常痛苦，他渴望分享成功带给他的荣耀，但是现在他感到这项荣耀正渐渐地归功于他的父亲。曾几何时，他与他的父亲就好像是一个人一样，那时他们父子二人分享了很多激动人心的研究，但现在，他们之间的关系却正在被这人人都想得到的名利破坏。

在这种情况下，布拉格还能够维持这种关系继续发展吗？也许能，如果他不是他那样的人，如果他更老于世故，如果在他的脑子里再少一些单纯。但是，童年中那没有伙伴的成长经历，还有他的与世隔绝，甚至包括他在阿德莱德大学轻而易举获得的成功……所有这一切都将阻止他充分理解这个世界是如何运作的。"一个人不必怀疑太多"，这是布拉格最爱讲的一句话。尽管这样的信任总是会给他带来回报，人们因此而敬爱他，但在这种情况下，他只需要一点点的精明就会让他过得更好，或者说会让他免于长期伤心。

很多人都觉得威廉·亨利·布拉格虽然是一个科学天才，但是他的想象力却不怎么丰富，后来，就连布拉格自己都说自己的脑子转得慢。在剑桥时，他责怪自己不喜欢冒险，他后来又开始进行研究工作，这些都是脑子慢的证明吗？脑筋慢的另一个事例是他为劳伦斯做出的一项超常安排。那是在劳伦斯十五岁进入阿德莱德大学时，布拉格安排他儿子在他自己房间里学习，并很自然地在自己儿子面前发表评论、处理学校的事务。他认为，把儿子关在自己的房间里，让自己的儿子与世隔绝，这样自己的儿子就可以学得更好，这种解释可能过于简单，但布拉格认为这是件关系重大的事。他自己在平常就很少有社会交往，因此，布拉格也不会认识到自己儿子的社会联系问题。

在发表他们联名发现以后的几年，布拉格接到了访问讲学的邀请。在英国和美国演讲时，布拉格虽然将发现的荣誉全部归结在自己儿子的头上，自豪之情溢于言表，但是听众们在听完了之后心里却只会这么想："布拉格教授是一个多么诚实的人啊！"

　　1975年4月，詹姆斯·库克爵士在一封信中回忆到，布拉格教授在伦敦大学学院作演讲时总是会说是他儿子提出的反射波理论。布拉格的女儿也记得当时自己的父亲走极端似的要把这项荣誉给自己的儿子，但劳伦斯想要的却不是这些，而是直接承认。

第四章 战争时期的威廉·亨利·布拉格

1. 在战争时期获得诺贝尔奖

1914年夏日的一天，布拉格正在坎伯兰，就在这时，历史上著名的第一次世界大战爆发了。后来，他经常谈起那天奇怪的感觉。他到坎伯兰去参加一位叔叔和婶婶在一所乡间牧师住宅举行的金婚纪念会。当时两位老人的心里都非常激动，因为他们都觉得能够在自己的晚年找到一个能陪自己走完人生之路的老伴非常不容易，因此，在纪念会的当天，两位老人把所有的心思和精力都放在了他们的庆典上，以至于他们根本就不知道战争爆发。当时的布拉格却非常想把这个消息告诉给两位老人，可结果布拉格找遍了整个现场也没找到一张相关的报纸。

正所谓有其父必有其子，布拉格的长子劳伦斯进入剑桥大学之后，布拉格的次子罗伯也进入了剑桥大学学习，劳伦斯如今已经是剑桥大学三一学院的研究员，而罗伯也成为一名大学生，在剑桥大学三一学院，同时还有一份工程学奖学金。他们加入了"爱德华国王骑兵团"，原来叫"国王的殖民地臣民"，是由来自殖民地的人在大学发展起来的一个骑兵队。毫无疑问，布拉格的两个儿子一直到那时仍然感到自己是澳大利亚人，他们只是刚刚搬到英国，虽然这已经是永久性的移居。罗伯再未能脱下军服，而劳伦斯则回到剑桥申请一项委任。他被指派到列斯特郡皇家骑兵炮队，在那里，他成为众多猎人当中的一个新手。但当他与自己的部队相处了一年之后，战争办公室把他抽调出来，并送他到法国去接替法国人继续研究通过声音确定敌人炮火位置的方法，为英国军队研究声波测距问题。

1914年11月，威廉·亨利·布拉格在美国和加拿大就他和劳伦斯的合作研究发表演讲。这次旅行无疑是在战争爆发之前就早已经准备好的。他从波士顿写信给格温：

> 战争的消息仍然很令人忧郁，尽管我们似乎会顶住德国人的攻击。美国人是我们的坚定支持者，他们热情地同我握手，因为我是英国人。他们急切地留意所有的消息……他们想知道能帮我们做些什么。他们向我展示了他们的编织品——妇女们做的，有一个普罗维登斯的律师今晚来找我，他想知道我能否借给他一些关于战争的文献，因为他将要站在协约国一边发表演讲，星期三必须与一个德国人进行辩论。

威廉·亨利·布拉格将旅程缩短，虽然他认为"从科学的观点看访问讲学是完全成功的"，有时，"讲学也是非常愉快的，他们都愿意听到科学研究的事情"，但是他想回国了。"我还没有订到船票，但我想现在不难订到。如果我能乘上路西塔尼亚号轮船，并且一切顺利的话，那我很快就能到家了。"

1914年至1915年的那个冬天，伦敦大学学院邀请布拉格去工作。布拉格在考察了那里的研究设施之后，便接受了这个邀请。

在一封写给亚瑟·史密斯的信中，他详细地说明了他去伦敦的原因。尽管布拉格住在利兹时史密斯家与自己的家非常近，但布拉格有一个特点就是愿意写信，他总是更喜欢通过写信来告诉别人他的思想。

1915年夏天，布拉格和自己的妻子格温到伦敦去寻找房子。而这时的罗伯已随远征军到了加里波利。8月22日，布拉格给自己的次子写了一封信：

亲爱的罗伯：

我还是在约克旅馆里给你写信。你妈妈想必已告诉你劳伦斯接到了去法国的命令，一整天都垂头丧气……你可以想象，他更容易发脾气了。我不认为这事非常严重，因为法国人实际上并不愿意要他，他被派到法国是他自己要求的某种结果……我们很高兴收到你在离开亚历山大里亚时写来的信，现在接到你的信是一件大事。我们也收到了你从前沿阵地写来的那封信……我们明天将再寄一个包裹给你。

当劳伦斯恢复镇静并被派往法国后，布拉格和妻子格温回到了约克郡。格温加入了保育团，而布拉格去了利兹。但一天早晨，当布拉格的女儿站在厨房的石头砌成的浅洗涤糟旁，并把头伸出窗外向花园看时，布拉格出乎意料地走过窗口进屋来。他用低沉的声音向自己的女儿说道："罗伯死了。"女儿听到这个消息之后立刻上

楼去找自己的母亲，格温听到之后大声哭泣。后来，她在别墅边开
满鲜花的草地上走来走去，一条黑色的面纱罩在她低垂的头上。

正如许多父母遇到的那样，布拉格写给自己儿子的信也被退了
回来，信封上写着"阵亡"。

下面是一封写给劳伦斯的信，时间是1915年12月30日。

　　……我又开始做研究工作了。我听到了卢瑟福教授的
许多想法，他昨天来我这里一起讨论了他的一些新理论。
我们的意见十分接近，几乎与剑桥的人的观点相反。

1913年到1914年的研究工作，让布拉格父子共同分享了1915年
的诺贝尔物理学奖金，以表彰他们用X射线研究晶体结构所作出的
贡献。劳伦斯在法国听到这个消息之后，他所在营区的那位牧师从
他的地窖里取来一瓶酒为劳伦斯庆祝。对于年轻的劳伦斯来说，获
得诺贝尔奖金是一种极大的满足和鼓舞，但布拉格在调到伦敦大学
给罗伯的最后一封信中写道："我得到一些与发明委员会有联系的
有趣的小工作，我希望能得到更多的这类工作。"

2. 科学家的用武之地

而在战争期间，威廉·亨利·布拉格的工作之一就是为政府试
验光学玻璃。这种东西在过去一直是从德国进口，现在政府突然要
光学玻璃出现在英国，并且大批量地生产。可没过多久，他又有更

重要的事情要去做。

1915年，发明和研究委员会已经成立，海军元帅费希尔勋爵任主席，委员会要在将科学和工程技术应用于海战方面提出创议、调查研究并协商总的方案。其中央委员包括费希尔·汤姆逊爵士、查尔斯·帕森斯爵士和贝比博士，此外还有很多的科学家以及一个庞大的工程小组，而这其中就包括卢瑟福和威廉·亨利·布拉格。

其实这样的现象在以前也有，戴维和法拉第曾就采矿业的问题接受咨询，除此之外，法拉第还是领港公会的科学顾问，对灯塔照明问题提供建议。另外，法拉第也曾受请帮忙玻璃工业。但在这之前从来没有像这样有一个大型组织将科学家组织起来为国家服务。1914年以前，国防委员会未能研究将工业和科学研究用于战争的问题，战争中所需要的工业规模和研究努力也没有受到很大的关注。当时英国是在毫无准备的情况下参战的，而那时的科学家们也一直因为他们没有用武之地而抗议。查尔斯指出，战争与其说是在军事上的较量，倒不如说是在国家发明上的较量；而费希尔更是直截了当地指出：战争将通过发明而获胜。十一个月的战争表明，我们不过是在依样画葫芦仿效德国人。当他们把爆破弹放到高地上去时，我们也跟着那么做；当他们生产出手榴弹用于战壕防御时，我们也跟着学……是毒气弹使得我们将教授们用于研究如何使德国窒息！德国人的水雷和潜水艇迅速走在了我们前面，尽管几年前我们明显不容置疑地处于优先的地位。

不过，这些科学家们最终还是得到了向世界展现他们实力的机会，这同时也意味着一种新型关系的开始。当然，海军在一开始是唯一的合作者，但也是最自豪的合作者，而后来，依赖于航空研究的空军成为最愿意接受平民科学家和工程师的组织。

顾问小组被分为六个部门，威廉·亨利·布拉格被指定到第二部门。这个部门要处理潜水艇、水雷、探照灯、无线电报，以及一般的电学、电磁学、光学和声学研究项目。由于敌人的潜水艇对国家有十分严重的威胁，而海军在反击潜水艇方面又很少取得成功，布拉格所在部门的主要目标是探测敌潜艇的位置并摧毁它们。

那里有一个秘书处，主要任务是对发明者和其他人的建议进行初步的转换，人们会发现这种秘书和记录工作是必要的。不要小看了转换，这可不是一件简单的事，在转换建议的同时会有各种想法源源不断地提交。

在位于上河口的一块海岬上，建立了一个海军研究站，它被称作霍克雷格站，靠近海军基地罗塞斯。这个研究站由皇家海军的一位海军中校科学家莱恩领导。政府给莱恩派了很多平民科学家协助他的工作，其中之一就是来自卢瑟福在曼彻斯特的优秀研究小组的伍德博士。伍德一到那里就发现，莱恩根本就不知道卢瑟福是谁，这也从侧面说明了当时海军的科学知识水平。然而，莱恩在工作上已有了一些基础，正在研究通过水下声音的传播确定舰船的位置。以下引证的是伍德后来所写的关于这个时期的记述："在我们到达霍克雷格时，有关声音在海水下传播的知识的状况实际上是非常粗糙的……对探测潜水艇可能有用的任何信息似乎都很缺乏。我对莱恩在设计和成功提出各类假说方面的成就印象很深。运用这些假说，比蒂的罗斯战舰在天气条件好的时候在河湾口能够听到十到十二英里远……但莱恩的大部分工作都是经验型的……他对声学理论或设计能探测声音方向的设备的可能性知道得很少或一无所知。不过，他已经开始用一对水听器去确定潜艇的方位，一个熟练的操作员能够据此确定另一艘船的大概方位。"

这些就是当委员会第二部门开始访问霍克雷格时那里的状况。卢瑟福经常在秘书理查德·佩奇特面前提起威廉·亨利·布拉格。1916年春，只在伦敦大学学院呆了短短几个月的威廉·亨利·布拉格就被调派为霍克雷格研究站的常驻主任。他于五月份上任，而且还带来了另外一个研究小组。伍德成了布拉格的副手，他们非常谦虚、正直，一起在霍克雷格1916年至1917年极为困难的条件下共同工作。这是伍德作为海军科学家的杰出生涯的开端。

威廉·亨利·布拉格从伦敦写信给在伊斯特本的格温，向格温描述了他在北方工作的计划："威廉·亨利·布拉格在坎伯兰，在坎伯兰有许多事要做，而在苏格兰的事情却不多，布拉格已经将手下所有的人都调来工作，但唯一的困难是缺少仪器制造师……"

威廉·亨利·布拉格到任后，研究工作迅速集中到改进水听器上。原来的水听器只能告诉人们一条船正在接近，但它们必须要加以改进，这样当船靠近的时候他们才能准确地知道船来自于什么方向。可是，理想与现实总是有差距的，所以，制造定向水听器也不是什么轻而易举的事情。

虽然制造定向水听器的工作遇到困难并有所延迟，但相当数量的水听器在整个战争中仍然找到了用武之地，它们被用于海岸线的漂流水雷巡逻和其他小型船只，一些水听器还被用于潜水艇。这些水听器非常厉害，它们能够"听到"几英里远的船只的螺旋桨的声音，而且能够迅速地判断出对方所在的方位。

有许多人访问过霍克雷格，其中包括顾问组的成员，当然，也有委员会第二部门的成员。卢瑟福和佩奇特曾到过布拉格家。理查德·佩奇特爵士总是用他富于机智的妙语、独出心裁和不寻常的理论让气氛变得活跃起来。他能一边弹着钢琴，一边独唱一首无词的两声部歌，甚至能够根据一则广告当即创作出一段清唱剧，并且能够利用自己的智慧将这些上升到理论的程度，比如不应该让孩子学习阅读，而应该鼓励他们的动手能力。布拉格的家人被他的理论深深地折服，甚至已经迷上了他。但在协约国科学家和那些访问霍克雷格的要人之间也有一些交流，甚至还会出现一些激动人心的时刻。有一次，一个专家组要来考察工作，他们一大早就要到霍克雷格。布拉格接到海军部发来的电报，在电报中，海军向布拉格做出指示："决不让他们看到任何事！"

但现在那些人快要到了。布拉格与比蒂旗舰上的海军上尉取得联系，让他在旗舰的甲板上组织一个午餐会，这样就能保证在午餐之后当这些人到达霍克雷格站时，他们什么也看不到。

3. 科学家们的困境

　　战争在最初的几年传闻很多，而赢得战争的想法也是五花八门的。但有时候，这些看起来并不靠谱的奇思异想往往也会得到重视，下面这个想法虽然只是猜测，但是也很有意思：海狮可代替鱼雷被训练用于攻击潜水艇，它们可引导摩托艇和驱逐舰攻击敌人。伍德接到命令（不是布拉格的命令）研究这个问题。马戏团的驯兽员用一头海狮在湖水里进行了试验，最后海军部的一个官员被请来在靠近威尔士海岸的海里观看表演。但这些海狮未能表现出预期效果，最后的海军报告是："建议允许这些动物现在回去做它们该做的事。"

　　这些正是威廉·亨利·布拉格在那个焦灼紧张的时期所经历的一些事情。就个人而言，科学研究小组的所有成员都与莱恩中校真诚相处。但就整个工作而言，他们之间的关系从一开始就不是那么容易相处的，并且越来越困难。当时的海军军方根本不习惯与科学家合作，而那时的科学家也并不了解海军真正想要什么。这些在一开始有一个缓慢的逐步摸索的过程。当科学方法开始说服莱恩放弃他的错误方法时，反而使布拉格在霍克雷格与海军部的关系变得更加紧张，互相猜疑。伍德曾经对此叙述道："一天，当威廉·亨利·布拉格教授乘'海德拉号'拖网船外出时，他要求船长做某种调动演习。在这条船返回霍克雷格后，莱恩中校派人叫来那个船长，罚他在船上关十四天禁闭（因为不服从命令）。布拉格教授去见莱恩，对他要求该船长做莱恩先前不允许做的事表示歉意，并接受了所有的责备，但禁闭处罚仍得执行。"

在河口湾，有一个叫仁科姆的小岛，科学家将这个小岛当成他们的实验基地，布拉格建议莱恩用多余的水听器电缆在小岛和研究站之间铺一条电话线，但是没过多久，布拉格不在场的情况下，电话线又被莱恩的一位手下给拆走了。他当时并没有做出解释，只是说"执行命令"。

这种紧张的状态甚至已经到了科学家认为他们根本无法在霍克雷格做进一步实验的地步。布拉格向巴福尔说明了这种情况，后者曾经希望莱恩搬走，这样，他们就能在哈维奇的帕克斯顿码头建立一个新的研究站。

威廉·亨利·布拉格曾经跟汤姆逊谈过他对这件事的看法，他认为延迟是由于霍克雷格的不幸局面造成的。也许事情并不像汤姆逊想象的那么糟，顾问小组的工作在两个方向上都提出了有用的建议。首先，顾问小组推进了潜水艇探听装置的研究，这种装置已经被采用并且取得了成功。虽然装备探听器的工作有所延迟，但最主要还是因为海军高层的反对，而不是霍克雷格科学家怠工。

第二点推进是关于实用方向探测器的改进，这可能具有实际的用途，这项工作的主要部分已经在七月份完成了，而推迟引入这种装置也是由于海军官员的阻挠造成的。就算是莱恩对专家组全力配合，布拉格他们也不会取得更大的成功，因为整个实验所都非常缺乏设备。

威廉·亨利·布拉格和他的团队的转移并不完全是因为这些事情，更多是因为他们不可能在一个已与海军切断了所有联系的地方有进一步的收获。如果完全靠布拉格他们自己，他们根本就不知道是否能在声响问题的研究上取得进一步的发展，那是布拉格等人被派往霍克雷格要研究的问题。毕竟，他们已从莱恩的身上学到了不少东西。布拉格相信，使用潜水艇的人与物理学家及其工作人员之间保持直接联系可以起到鼓舞人心的作用，而且这将是富有成果的。在霍克雷格并没有潜水艇使用人员，除了一个代号为13-3的军官，他当然不是现役军人……

布拉格等人认为如果能够通过劝说建立合作，而不是在这种时刻制造麻烦，那事情会好得多。其次，当他们勉强得出不愿让他们得出的结论时，他们只能得到模糊的指示；而如果他们未能得出结论，那情况会更糟。

1917年初，研究站搬到了帕克斯顿码头。那是一个很不错的地方，过去有车将货物运到这里，再由荷兰船队运走，直到1914年码头才废弃不用了。靠近哈维奇的斯图尔河湾是停泊驱逐舰和潜水艇纵队的基地。

与研究小组其他成员的家庭一样，布拉格的家人在靠近哈维奇的一个叫多佛克的小型海滨胜地住了下来。那里有许多小别墅，在别墅里边住着海军军人的家属，每当舰队回泊时都会非常热闹。

新的海军部研究站坐落在码头的旧铁路线两边。那里的工作空间和工作设施都有很大改善，有很多很好的舰艇。布拉格认为，满足科学家的要求是高级军官或其代理人的职责，他们过去遇到的与莱恩那样的麻烦在这儿将被避免。

4. 思想之树的春天

有了新的机会，思想之树又再次迎来了春天。1917年10月28日，他们借到了一艘"大型潜水艇"，并写了一张潦草的便条给伍德。在纸条上说，他们明天将完全拥有这艘潜艇，布拉格等人必须做好充分的准备，将所有的设备和备用品都集中起来。"我们有足够的胶片吗？如可能准备两卷以上。其余的东西你都备齐了吗？我们会用到秒表。我见到了布津。我明天一早就去……你能早点到吗？"

威廉·亨利·布拉格的激动非常具有感染性，实验取得许多成果，研究也有了稳步进展。

1916年至1917年之交的冬天异常寒冷，刺骨的东风裹挟着灰蒙蒙的云和雪粒。吃的很难弄到，只有分配的随身携带的口粮。英国政府每天分给一个家庭一磅土豆，那还是给队伍里比较瘦弱的儿童的。而且这些小孩还要花一个上午排队去领半磅的黄油。后来又有许多次的空袭，在一个阳光明媚的早晨，德国人的双座飞机掠过多佛克，它们飞得非常低，布拉格的女儿都能看清观测员的脸，晚上则有惊险的弹幕射击和探照灯。"他们今晚会来吗？"布拉格的女儿在上床的时候总是会问格温，而格温总是朝天空瞥上一眼因为飞机总是喜欢在晴朗的夜晚袭击。在后花园有一个防空洞，但它太潮太冷，洞顶不久前也塌了。一天晚上，一架飞机在探照灯中被击中爆炸燃烧，是被特莱弗教授发明的磷弹击中的，磷弹刺穿机身并引燃了氢气。这位特莱弗教授，布拉格在阿德莱德早期与之通信讨论物理学，他一直是布拉格的朋友，也是专家组成员。特莱弗因此被封为爵士。

最初，帕克斯顿的工作是沿着在霍克雷格开始的路线进行的，但是没过多久就扩大了研究范围。在河湾的入口有两艘门卫舰守着，只要有船只靠近，安放在这两艘舰之间海床上的水声器就可以发出警报。为了研究音响非触式水雷，在朴茨茅斯矿业学院花了足足几个月时间，1917年至1918年的那个冬天那里正在进行新的鱼雷试验。这种鱼雷经过伍德进一步改进之后，在第二次世界大战当中得到广泛的应用。

后来，布拉格经过反复的思考，建议为海军建一个可与陆军媲美的声波测距系统。

在地面上，炮火的位置可以通过发射时产生的压力波计算出来，而压力波又是通过沿一条底线铺设的热线传声器来测量的。布拉格的想法是，可以通过沿海岸数英里安装水声器并由电缆与地面底线连接，从而确定远方水下爆炸的位置。这个系统成功地建了起来，后来到了和平时期，它还成功地被用于海图绘制。

但是，帕克斯顿海军研究站的最大成就是声呐，即"反潜艇分隔学"。之所以起这个名字，是为了隐藏它的实际内容，它是一个潜艇探测回音系统。该系统的原理是，潜入水中的物体的存在可以通过将声音射向它们并得到反射波而探测到。

大家都知道著名的泰坦尼克号，反潜艇分隔学本来能在泰坦尼克号撞到冰山之前发出警告，因为它的基本思想在1912年已被提了出来，但它直到1915年，法国科学家朗之万在巴黎进行实验时才得到应用。1916年，专家组对其产生了兴趣，这样一来，帕克斯顿的主要任务就是进行高度保密的实验。声呐到了安装在船只上的阶段时，战争已经快要结束了。在二战当中，声呐又派上用场，而那时的劳伦斯则是海军的科学顾问。1918年，威廉·亨利·布拉格转到海军部成为反潜艇部门主任的科学顾问，布拉格的家人再次回到伦敦。此时，出现了一些对专家组工作的负面评价。1917年12月10日，布拉格写信给伍德："我本该在此之前回到朴茨茅斯，但我一直忙，实验进行得不可思议的顺利……当局会对此吃一惊的。"

经过停战日的激动之后，布拉格回到了伦敦大学学院的工作中。1919年，布拉格再次接到了一个邀请，这也就意味着他们希望布拉格再换一个地方。理查德·特莱弗写信问布拉格是否愿意到伯明翰去补奥利弗·洛奇爵士的空缺当副校长。

布拉格在接到对方的信之后，做了非常认真的考虑，但是在布拉格的面前却有一个难以克服的障碍……因为布拉格一旦去了伯明翰，就意味着布拉格要跟纯科学研究说再见。布拉格始终认为自己在那个领域仍然有工作要做，虽然他自己觉得自己的工作成绩并不是很出色，但不管能不能做出成绩，布拉格都觉得自己应该试一下。至于其中的原因有很多，其中诺贝尔奖金是一个原因：得到了诺贝尔奖的威廉·亨利·布拉格希望自己能继续从事研究工作，布拉格觉得如果自己放弃了研究，就等于是辜负了理想。因为诺贝尔奖给了他自信，一个大学教授从一定程度上来说可以完全把自己关在实验室里，可如果是一个副校长的话就要把所有的经历都放在行政工作上，再也没有时间与精力去搞自己的研究。

即使仅仅作为一个教授，威廉·亨利·布拉格也因为管理工作太多而感到头疼。1919年11月20日，布拉格给罗伯特·哈德费尔德爵士写信，在信中，布拉格说："我儿子和我一直在对比实验记录（那时的劳伦斯已在曼彻斯特任教授，这个位置是卢瑟福去卡文迪许实验室后空出来的），因此，我们只能每周有几个小时的时间去做研究工作。"

尽管威廉·亨利·布拉格发现他没有时间与他儿子一起做实验，但他在科学与工业研究局的资助下已经渐渐地组织了一个优秀的研究小组。首先是阿斯特伯里和舍勒，然后马勒、雅德利小姐还有其他人，他们都来到了布拉格的实验室。

布拉格对他的研究小组非常满意，因为X射线和晶体研究工作已开始着手进行。但要想得到实验材料却非常不容易，这个障碍非常严重，甚至已经影响到了正常的工作，正如他在写给安德雷德教授的信中所说的那样。材料不可能一需要就能立刻得到，因此必须在很早以前就正式申请。布拉格过去在研究中可以从海军部得到很多资源，因此，他对大学学院的财政困难感到很不解。他为了打破这种限制而参加了竞争，这招致了那些参与基金竞争的人的嫉妒。学院政治使威廉·亨利·布拉格感到沮丧。

威廉·亨利·布拉格在伦敦大学学院过得并不轻松。不过，他于1920年被授予爵士，他的妻子格温被封为夫人。1921年，威廉·亨利·布拉格全家参加了布拉格的儿子与爱丽丝举行的盛大的婚礼。1923年，布拉格终于结束了他在伦敦大学学院的生活。该年初，皇家学院院长詹姆斯·杜瓦爵士去世了。

第五章 皇家学院的生活

1. 皇家学院教授

皇家学院秘书、伟大的解剖学家亚瑟·凯斯爵士，在年老时曾经对皇家学院遴选詹姆斯·杜瓦爵士继任者的过程说过这样的话："杜瓦原本希望卢瑟福能接替他的位置。因此一天，当卢瑟福从剑桥来皇家学院讲学时，我们会见了他。他解释说，他对剑桥责任重大而不能考虑有所改变。但是，他说：'我知道有一个人，他和我一样适合，甚至更适合于接任这个职位。这个人就是威廉·亨利·布拉格。我是指伦敦大学学院的物理学教授威廉·亨利·布拉格。他不仅在科学上极具造诣，而且是一个高尚的人。'"

1923年5月7日，皇家学院财务主管詹姆斯·克里克顿·布朗爵士给布拉格写信，告诉了他当天下午管理委员会选举詹姆斯·杜瓦爵士继任者的决定。"您被提名为候选人并获得全体一致通过。"很快，留着克里米亚式胡须、在维多利亚女王时代已声名远扬的金属专家詹姆斯爵士，身穿礼服、头戴高帽到大学学院"拜访"威廉·亨利·布拉格。他一直等到布拉格上课回来，然后向布拉格宣布了管理委员会的邀请，即请布拉格担任皇家学院新的常驻教授及戴维-法拉第实验室主任。布拉格答应考虑后答复他。

皇室学院在1799年由美国人朗福德伯爵建立，他由于帮助慕尼黑的贫民和士兵而得到罗马帝国的伯爵封号。战争之后，欧洲疟疾流行，他为贫民和士兵提供庇护所和工作，用他自己设计的施粥所向那些平民提供食物。最后，他令人高兴地回到了英国，那里的人们正热衷于慈善事业，并且非常关心工人阶级的生活状况，同时正在建立一批机械学院。朗福德将他的科学兴趣转向贸易及手工业的改善，并构思出了一个"通过在大英帝国各大城市举行签名赞助而筹建一个公共学院的方案，以传播知识，促进有用的机械发明和技术改进的普及，通过哲学讲座和实验教会人们将科学应用于日常生活"。

签名赞助者的第一次会议在皇家学会会长约瑟夫·班克斯爵士家中举行。第二年，国王为新"大不列颠皇家学院"颁发了皇家特许状。

朗福德的想法是，劳动者应该学习与他们的职业有关的最近的科学发展，去报告厅听讲座。他向大家展示了他改善家庭经济的新发明，比如煮饭锅，还有"朗福德壁炉"。可是手工业者并没有涌向学院，钱也花光了。朗福德最终也选择了放弃：他辛辛苦苦策划的方案彻底失败了。不过，耐心的皇家学院财务主管托马斯·贝纳德继续干了下去，他把讲座安排得更多，但是肯去听讲座的手工艺人却依然很少。之后，学院任命汉弗莱·戴维为主讲，他是一位非常优秀的演讲家。戴维将皇家学院变成了一个科学与时尚的交汇地。只要是他的讲座，人们就会络绎不绝地来聆听，而人们坐的马车甚至可以挤满整条街道。他还在皇家学院开展了研究工作。戴维的继任者是法拉第，然后是丁铎尔，正是通过他们的努力才让皇家学院扎下了根。1896年，路德维希·蒙德出资，在皇家学院的隔壁建立了一所戴维-法拉第实验室。

威廉·亨利·布拉格意识到，戴维-法拉第实验室会给他自己的研究提供充足的时间和机会，而且这所学院还一直保持着讲座传统。威廉·亨利·布拉格一直致力于科学与其他学科之间的相互理解与沟通，他看到这所皇家学院有这方面的潜力。在确认了科学与工业研究局的研究赠款能从伦敦大学学院转到皇家学院之后，他接受了这个职位。

2. 布拉格的系列演讲

搬家开始了。布拉格的秘书（韦妮弗雷德·戴根）讲述了她如何与雅德利小姐（后来的凯瑟琳·朗斯代尔夫人）、舍勒博士、马勒博士一起从伦敦大学学院坐出租车，他们每人都把自己的X射线管抱得紧紧的。X射线分光仪安装好了，布拉格全家也搬进了皇家学院的教授公寓。

了解皇家学院如何发挥作用是重要的。习惯好像是唯一能让这个机构运行的东西，而要想产生变化，则要依靠院长的努力。开始时，就连聘清洁工这样的麻烦事也要布拉格亲自来处理。秘书杨先生会从他的办公室走出来，紧张地搓着双手，由于詹姆斯爵士是一个对纪律非常严格的人，所以杨先生非常害怕詹姆斯爵士。由于害怕詹姆斯爵士，他看上去随时准备躲起来。作为一个圣德曼教派教徒，他是连接学院与法拉第的最后一点关系。他亲笔写所有的信，在他的办公室，你不会看见打字机，而他也不会用电话。

在刚到皇家学院的某个晚上，布拉格对女儿卡洛埃说："我们是否去探查一下？"于是，布拉格与女儿走进地下室，在那里，有杜瓦爵士过去使用的笨重的液化气体机器。他们打开通向法拉第实验室的门，门上还标有"仆役室"字样（皇家学院是按18世纪的螺旋式建筑的样式建成的，正面有伏利阿密1928年增加的柱子）。它的旁边是过去用来保存电学实验用青蛙的青蛙室，如今它已经被人们改造成了一个博物馆，在屋里，布拉格和他的女儿仍然能闻到化学品散发出来的很浓的味道。他们向延伸在街道下面的贮煤库看去，里边堆放了很多根本无法看清的蜘蛛网之类的东西。在一个地方，他们找出了几个金色和白色的茶杯、一面金色的大镜子、一个在铜板底下印有"M.F."字样的洗脸盆，还有法拉第用过的桌子和椅子。布拉格始终把这些东西放在公寓里做研究。

学院的社会生活中心在每个星期五晚上的图书馆，总会充满了"高谈阔论"。整个星期图书馆都非常安静，只是有一个白胡子的管理员看管，而且他每天还都坐同一把椅子，日复一日，天天如此，看上去就好像是装饰品的一部分。一旦到了星期五晚上，图书馆里到处都是参观和交谈的人们。学员管委会的成员们穿着礼服，打着白色的领结，与他们的戴白色长手套的夫人们聚集在火炉旁。又老又聋的詹姆斯·克里克顿·布朗爵士总是会向前一步，对卡洛埃说出那永远不会变的问候："你好，我亲爱的小女士。"

威廉·亨利·布拉格总是会花费很大的精力来准备自己的演讲。他安排了一些最具有广泛性的主题讲座，向大家公布他最新的工作，之后让所有的科学家来讨论。威廉·亨利·布拉格夫妇还开启了在院长宅第举办招待会的新惯例。法拉第夫妇一直安静地住在楼上，坚决不跟伦敦的社交界往来。丁铎尔一直过着忙碌的单身汉生活，直到晚年，只有他的挚友访问过他的宅第。杜瓦偶尔会与来访者一起喝一杯他特制的威士忌酒。格温却显得与众不同。晚餐聚会安排在星期五晚上，届时，外界人士将收到邀请跟演讲者见面，并被介绍给皇家学院。演讲结束后，那些还没有参观过教授宅第里那些漂亮的旧房间的人被请上楼。聚会总是相当成功。女主人格温也很能干，她总是会把聚会办得更加"出色"一些。当然，她不喜欢举办任何"沙龙"，她很聪明，就算她在跟人交谈的时候无意间说错了话，她会及时发现并掩饰过去。最重要的是，无论对方的身份地位如何，她都会对对方一样的欢迎和关心。

皇家学院开始恢复生机。1924年4月10日，在布拉格的家人到达那里一年后，詹姆斯·克里克顿·布朗爵士给威廉·亨利·布拉格写了一封祝贺信。这封信由管委会成员们作了补充。其中写道：

> 学院的每个部门都欣欣向荣，它唯一的危险是创新过速，这可能会损坏它的崇高声望。

星期五晚上的讲座进行得非常顺利，但安排在下午三点钟的讲座的时间正是大家休息的时间，因此出席率非常低，以至于一天下午在做关于音乐的讲座时，合唱队的人要比台下的观众多得多。布拉格吸取教训，将演讲的时间改在了五点半。上世纪20年代，他的讲座计划包括塞科特、德拉玛莱、古斯塔夫、霍斯特的系列演讲。但是，当布拉格的女儿在放学之后急匆匆地去听讲座时，仍会碰到一两次听众极少的情况。为了让台下变得人山人海，威廉·亨利·布拉格采取了增加高级科学讲座和在伦敦大学发布广告的策略，刚一开始，来听讲座的观众的确是多了不少，但是没过多久，大学里的此类讲座也渐渐的增多起来，学生们不必再跑到阿伯马尔大街来了。第二次世界大战后，下午的讲座就被彻底取消了。

　　另一件事是圣诞节后为儿童举办著名的讲座，它是由法拉第在1826年与1827年之交开始的。虽然是讲座，但是每次总是在一座拥挤的房子里进行。圣诞节前后的两周内要为听众举办六次讲座，请科学家为学龄儿童介绍实验操作技巧还有解释复杂现象的方法，在讲座当中通常还要谈到一些科学领域当中的新发现。此外，新的火花也经常从这样的讲座当中迸发出来。威廉·亨利·布拉格那时做了四次讲座："声音的世界"、"关注自然界"、"老行业和新知识"以及"光的世界"。每次开讲之前，他都会做十分认真的准备，布拉格的演讲有一种独特的魅力，它能让听讲座的观众有一种身临其境的感觉，因为他非常关心这项向所有年轻人展现神奇事物的工作。有一封史密瑟斯教授的来信，对他根据那些演讲编著的一本书表示感谢。他写道：

> 您在花时间做这类事上从不吝惜，您送给我的书对科学的贡献将比您估计的更大。我知道并且肯定，您的书将会掀起真正智慧的、教育上的，甚至可以说是道德上的波澜，并且大大有助于使世界更加了解现代科学中发生的每一件事。

信中再三致感激之意。布拉格收到这封信时，咕哝着说："噢，可爱的人。"

布拉格的女儿卡洛埃由于经常去听爸爸的讲座，年纪不大的她也渐渐地变成了一个讲座鉴赏家：威廉·特普勒讲得十分流畅，而他的教案不过是写在明信片上的寥寥数字；G．M．特里维廉连头都不抬地照本宣读直布罗陀围攻战；C．T．R．威尔逊在痛苦的一小时内，向在座的所有人演示了他著名的云室实验；而马可尼并不善于演讲。伦纳德·伍利爵士是一位出色的演讲人，每当下课钟声敲响的时候，他总会用一句非常优美的话来结束。演讲表上公布，1929年6月伦纳德·伍利将会来讨论他最近在古巴比伦的迦勒底挖掘出的出土文物，如果他能按时回国，皇家学院会以他能够提供最新的学科研究信息为荣。不过，在所有演讲人中，最受大家喜欢的还是卢瑟福。他热情洋溢，声音洪亮，他的一绺头发从前额垂下，而且还总是在跳动着。

3. 布拉格与戴维—法拉第实验室

卢瑟福常作为访问教授来皇家学院的戴维-法拉第实验室，而且总能听到他喝茶和给研究人员讲故事的房间里传出的大笑声。布拉格是那么文雅和安静，而卢瑟福却总是那么兴致勃勃，仿佛有用不完的精力。"生命，是多么伟大啊"，他有一次宣称，"我不愿错过生命中的任何事情。"在谈到1912年早春他同卢瑟福夫妇一起在比利牛斯山进行汽车旅行时，布拉格有时会哑然失笑。驾驶敞篷汽车令他们震耳欲聋，以至于不得不从牧场买来粗羊毛将自己的耳朵塞住；此外还有昂内斯特和玛丽怎样因行车路线而争吵，布拉格在返回后给卢瑟福写信，在信中说道：

> 我永远不会忘记这一切，我们得到了那么多乐趣和各种不同的体验。我从未奢望过能做这样一次旅行，并且几乎不相信我确实进行了这次旅行。

戴维-法拉第实验室，坐落在阿伯马尔大街20号的皇家学院旁的一座庄严的18世纪城镇建筑里。皇家学院接管了它的第一层和第二层。而研究工作的主要人员就在二层的房间里工作，很多工作人员的卧室跟之前相比几乎就没有什么变化。杜瓦在任时在建筑后边增加了一些设施，还安装了一个液压升降机。虽然操作起来非常有趣，但是前提是要掌握要领。

这儿有一个稳定的核心研究群体，成员包括舍勒、马勒、阿斯特伯里、吉布斯、普鲁末、贝尔纳、耐格斯小姐和凯瑟琳·朗斯代尔夫人。交付给他们的总经费主要来自科学与工业研究局，每年不超过两千五百英镑。但是，很多来自世界各地的人至少要在这个实验室待上半年左右，以学习X射线分析技术。在皇家学院1923年至1928年的档案里，存放着厚厚的申请信和布拉格的复信。其中，布拉格跟一个想来实验室的苏联人的来往通信一直持续了好几个月之久，最后这个苏联人终于实现了自己的愿望。度过在戴维-法拉第实验室的学习生活后，这些人将离开这里，就像传教士一样在别的研究中心和国家建立新的X射线研究实验室。除了他们的主要工作之外，他们还有一些临时的工作。来自工业领域，甚至是考古学领域要求进行各种物质鉴定的委托非常多，以至于威廉·亨利·布拉格不得不建议，如果国家物理实验室愿意用X射线和晶体方法处理这些问题，他愿意找一个人专门管理。最终这个部门建立了，而法拉第试验室在1927年给他们派去了舍勒博士。尽管布拉格设法弄到了不少资金，但最终在那段时间内仍然没有足够的经费去运转。虽然"常任"研究人员的薪水并不高，但是他们总体来说还是满意的。而相比之下，"临时"研究人员就要靠他们自己的研究资助。凡是实验室的重大仪器设备由詹金森负责在皇家学院的工作间里制造，而一些小的装置则由研究员们自己去处理，没有专职人员帮助他们。布拉格也赞同研究人员在外面做些事，以补贴他们的收入。

当布拉格要准备一次讲座或者是要做什么事时，那些从皇家学院领工资的人通常也会帮一些忙。他们十分了解布拉格喜欢的事情，而且他们会立刻去做。工作人员如果能在头一天晚上就把某些工作做完或者是把某些事情做好，那么当第二天早上布拉格看到之后会非常高兴。

尽管布拉格不是总使用法拉第实验室，但他总是喜欢穿着拖鞋到他自己在法拉第的研究室去。他的主要设备仍是分光仪，尽管它已经非常肮脏，但是布拉格毫不介意。他喜欢在没有任何思想负担的情况下去做他自己的研究工作，因而在去实验室之前，他会走过来找到格温，看看她是否一切都好。

一天下午，他将头探进客厅里张望，并且问道："有什么事吗？"

"没什么事，"格温回答道，"不过，有一个爱搬弄是非的女士要来喝茶。"

"噢，还有别的事吗？"问完后，他就穿着拖鞋去实验室了。

格温总是办一些茶会，专门邀请皇家学院的女士们、老朋友，当然还有从澳大利亚来的客人。上世纪20年代，爱因斯坦的发现在全球引起了轰动，格温的朋友们总是会就那些发现向她请教，而格温也总是乐于解释。正如她自己所说的那样："我的解释要比威廉的解释更容易使他们理解。"

有时候，劳伦斯也会过来待一个晚上，做一个讲座或参加会议。在成功地度过了起步的艰难之后，他在曼彻斯特的情况开始渐渐地有所好转。经过了残酷的战争之后，学生们的心在一开始的时候还不能完全静下来，而那时的劳伦斯也只是光彩夺目的卢瑟福手下的一名非常没有经验的讲师。到20年代中期，他的研究学派开始大力发展起来。人们热切盼望他对皇家学院的访问，不过有时也会因为卡洛埃而引起一些麻烦。劳伦斯认为自己的妹妹有机会去上大学，但是格温却认为自己的女儿去从事艺术或者是晚会方面的职业会更好一些。劳伦斯总是向自己的父亲发难，而布拉格却总是一副哼哼哈哈的态度，并对卡洛埃说应该学会让自己的母亲高兴。后来，劳伦斯对自己的母亲发表了长篇大论，但这种方法最终也没起到过大的效果，因为格温也不是那种坐以待毙的人，每当自己的儿子向自己发难时，格温也总是会向劳伦斯提出各种各样的问题来反驳劳伦斯，所以劳伦斯虽然是满腹经纶但是也很难占到上风。而等到第二天早晨劳伦斯离开的时候，他感到自己再次失败了，而卡埃洛则会庆幸一切又恢复了平静。

在这样一个既奇特又古老的地方，住在皇家学院的"作坊上边"，和一个只靠善良愿望维持的机构相伴，这会让布拉格非常辛苦，如果布拉格的家人不能帮助他找到一个好的住处，那么布拉格将会筋疲力尽。

4. 小木屋的故事

事实上，瓦费代尔的小木屋是布拉格一家在利兹时的一个避难所，虽然在那间小木屋里给他们带来了许多的欢乐，但是那里毕竟离伦敦太远了。布拉格一家曾经在1918年离开过伦敦一次，布拉格在1913年买了辆奥斯丁牌汽车，它在战争期间一直闲置未用。现在他们开着它上了路，轮胎破了，布拉格在路边换掉了它们。那条道路已经整整四年没有修过了，坑坑注注的，为了尽早到达目的地，布拉格一家不得不向别人打听最好的路线。布拉格一家在路上度过了两个夜晚，直到第三天晚上才到那里。格温走在前面，提着一个分立式电石气灯照路。那是他们最后一次来到瓦费代尔。跟石鹿屋彻底说再见是非常痛苦的。有几年，他们一直在寻找着新的别墅，后来找到了萨里郡的智丁福德附近的瓦特兰。它浪漫而古老，但不如石鹿屋那么可爱，长满灌木的小溪十分浑浊，不过从那里很容易就能到达伦敦。

在草坪的一角有一间小木屋，装满了果酱坛子和各种不知做什么用的东西，还有冬季苹果。他们就叫它苹果屋，里面有一把椅子和一张松木做成的桌子。布拉格暑假来这里工作。如果有邻居来访，他就会躲起来不见：这并不意味着他不懂礼貌、不友好，他只是想处理自己的工作。他非常喜欢跟园丁聊天，而且还喜欢跟隔壁的证券经纪人在家里打台球。

有一年，戴维-法拉第实验室的研究人员都被邀请来做客。威廉·亨利·布拉格雇了一辆机动车，格温准备了大量的食物。"爱挑剔的人都有好胃口，"她一边端着盘子一边说道。在草坪当中有一些人在玩追求游戏，而在草坪后则有一些人在打保龄球，此外，还有一些人在树林里散步。这些智商极高的人对布拉格家人的款待都相当满意。

路对面一个邻居——不幸的哈拉汉先生患了慢性肌肉萎缩，两年以来一直靠别人为他不停的人工呼吸来维持生命。威廉·亨利·布拉格想了一个主意，用绷带将一个足球球胆绑缚在他的胸部，并用脚泵给它充气。这样，至少能让护理人员坐下来喘口气。那时的布拉格在后花园安装那些部件，试验他的想法，而这些部件也都是皇家学院的车间给准备的。虽然在一开始时不怎么灵活，当把泵接到总水管道上时，情况就会有所好转。威廉·亨利·布拉格得到剑桥仪器公司的保罗的帮助，保罗先生出于好心和对哈拉汉家的友谊参与到这个实验中来。但是，就是这样一个简单的机器却起到了很大的作用，这部最后完成的机器被称为布拉格-保罗搏动式人工呼吸器，并在各大医院进行广泛的应用。可以说，这是一项有趣的科学成就。

那次解决的是一个悲伤但有益的问题。但是威廉·亨利·布拉格还被卷入过一个令他特别烦恼的问题。在战后几年里，招魂术十分流行。失去了孩子的父母们由于太过想念自己的孩子，所以他们都渴望以此与战死的孩子取得联系。奥利弗·洛奇爵士失去了儿子，但是他始终相信自己能够通过某种灵异媒介让他跟自己的儿子再次相见、通话。威廉·克鲁克斯爵士也是一个虔诚的信徒。心理学研究会对其进行了认真研究，他们不断搜集证据，进行研究，试图得到有关证据。当时，人们对于招魂术既心存希望又有些怀疑，百姓们怕自己上当受骗，于是请当地的科学家进行验证。布拉格心地善良，禁不住一位贵妇人的纠缠，便出席了降魂会，但他厌恶这种活动。

一天晚上，威廉·亨利·布拉格在吃晚饭时发现德文特先生坐在旁边。这位德文特先生是著名的马斯克林-德文特戏院的"魔术师"。在那里，人们可在圣诞节期间观看一下午神奇的魔术戏法，当然，看这种节目的一半都是女士。戏院在古老的女王大厅旁边。威廉·亨利·布拉格肯定地告诉德文特先生他的问题。德文特先生说，应该请一个"魔术师"，在科学家进行实验之前就把欺骗程序筛选出来。"你们科学家可能是最不适合调查欺骗的人，"他解释说，"因为你们习惯于与从不骗人的大自然打交道。"

这些年来，布拉格一直在为皇家学院而操劳，他发展了戴维-法拉第实验室；促进工业研究；致力于教育事业，使科学受人理解为目标；他开放了实验室，参加奖金颁发，接受荣誉学位，并且成了一位著名的科学广播员。

威廉·亨利·布拉格是在1924年3月开始为BBC做关于科学的广

播讲座的，当时这家广播公司还只是一家刚刚成立的新公司。

约翰·雷斯注意到了1923年圣诞节在皇家学院为儿童所做的《关注大自然》讲座的成功，他邀请威廉·亨利·布拉格就那个题材做一系列广播讲座。BBC的工作人员以及公众，都对那些成功的讲座留下了深刻的印象。威廉·亨利·布拉格在1924年秋应邀做了《关于声音》的另一系列讲座，对此，1925年1月的《观察者》写道：

> 威廉·亨利·布拉格爵士的声音通过无线电波而为广大公众所熟悉。他具有将科学理论的本质用简单而又形象的语言加以说明的非凡能力，向生活在实验室之外的人生动描绘了现代科学充满想象力和建设性的前景。

BBC希望聘请威廉·亨利·布拉格做《每日科学》栏目的主持人，但到1926年，栏目组的一些成员要求将这些内容分出来转到学术界栏目广播。栏目政策转向更娱乐化的方向，这背离了雷斯的提高社会文化水平的初衷。布拉格并不同意这个新政策，他认为科学应该有优先性，他希望每个人都能懂一点儿科学。尽管如此，他与BBC仍保持着友好的联系。1931年，他做了关于法拉第的全国演讲，作为朱利安·赫胥黎的系列讲座《科学研究和社会需要》的导言；发表对已故的居里夫人和洛奇的讣词，做了另一组《什么是光》的演讲，还有许多别的演讲，此外，还包括一次倡导道德重建的演讲。他最后一次为了传播科学而努力，是在1942年组织《科学揭开面纱》系列讲座，但他在讲座结束前就去世了。

5. 皇家学院的大火与格温的去世

　　1927年12月30日晚上，在匹卡迪利的阿伯马尔大街发生两起煤气爆炸事故，爆炸引起大火，殃及皇家学院。所幸没有人员伤亡……第一起爆炸发生在晚上七点后不久，有高声呼叫声传出……行人们惊心动魄地看到，十二到十五英尺高的火焰从人行道的监测洞和出入孔中钻出来。卡洛埃也惊悸地看到了另一个出入孔盖燃烧起来。当时卡洛埃正在换装，准备去参加一个晚会，着火的地点就在卡洛埃所在二楼处的前边，那场景就好像是火山爆发一样。布拉格和卡洛埃他们被告知地下室爆炸起火，全部聚集起来。他们被困在演讲礼堂，唯一的一个出口也被熊熊燃烧的火焰猛烈包围住。就在短短的几个小时以前，这里还挤满了前来听圣诞演讲的孩子们。伦敦消防队在费莱布雷斯队长的带领下，花了足足一个小时的时间才将大火处理掉。在此之前，他们被带着穿过马路来到布朗旅馆，他们在那里坐下来吃三明治。所有人都到了那儿。但有意思的是，卡洛埃仍然去参加了晚会。

　　第二天早晨，图书馆的景象简直就是惨不忍睹，窗户粉碎，到处都是厚厚的脏油和烟灰。人们立即认识到，皇家学院的主要建筑现在必须重建了。人们发现，出问题的不仅仅是那个出口，就连演讲礼堂的主体也与走廊的逃生楼相分离，现在那里只剩下一个薄薄的木制隔板。重建计划没过多久就被提上了日程，这项直到1930年才完成的长期令人困窘的工作拉开了序幕。

大部分资金是通过拍卖"多切斯特书信集"筹措的，那是美国独立战争当中总部官员的通信，布拉格找人给它们估了价，壮了壮胆儿把估值增加一倍卖给了一位感兴趣的美国商人。这个商人随后又以三倍的价格将其卖出。可怜的威廉·亨利·布拉格由于让书信流出英国而受到国会质询，对于一个科学家来说，这本来不应该是他做的事情，那段日子对于布拉格来说也非常不愉快。但是对于布拉格的家人来说，还有更糟糕的事情接踵而至。

从1928年开始，布拉格的妻子格温的身体就一直不太好，到了1929年复活节时，格温的病情又加重了。不久，因重建工程，布拉格的家人们只好从皇家学院公寓里边搬出来。那年9月底，格温在切尔塞的一所房子里去世。

格温的死无论是对于威廉·亨利·布拉格还是对于布拉格的家人来说都是一个晴天霹雳。她是那么温暖，那么有活力。尽管她总是爱跟自己的朋友聚会而没能照顾好家里，布拉格的家人们仍然以格温的热情好客为荣。格温与布拉格的对比鲜明而又互相补充。他心地善良但不好交往，喜欢优雅地表达快乐，平静地开展他的工作；她激情而富有生气，总是非常投入。他如此充满理性，而她靠自信的直觉做事。

格温死之后，家里也冷清了许多。

6. 父女旅行与百年庆典

　　卡洛埃非常喜欢与父亲一起结伴出门旅行。无论参加科学会议，还是进行旅行讲学，都是令人愉快的机会，这都会让卡洛埃感到非常高兴。1924年的时候，卡洛埃曾随父母参加在多伦多举行的英国学术协会会议。他们乘坐英国学术协会的专列穿越加拿大，途中几次停下来做演讲、访问和参加招待会，吃了许多顿牛排或加硬心莴苣的鸡肉。1930年，布拉格和女儿卡洛埃启程去美国，威廉·亨利·布拉格要去讲学，而卡洛埃有幸成为陪伴他的女士。布拉格喜爱海上旅行，也许是因为布拉格的血管里始终都流着海员的血液。当甲板开始在他们脚下起伏不定时，年轻的卡洛埃有些担心，但是布拉格的脸上却始终非常平静。他喜欢做甲板游戏，这是航海生活中仅有的一点社会联系方式。布拉格父女喜欢静静地站在甲板顶上，在其他旅客下去吃晚餐时，他们看着太阳慢慢沉入青色的大海。

　　他们最后一次一起出国旅行是在1932年。当时，布拉格被派到布宜诺斯艾利斯和里约热内卢访问演讲。布拉格在布宜诺斯艾利斯的讲座非常成功，在里约热内卢也是如此。尽管在每次演讲之前卡洛埃都有些担心，但是事实证明她的担心基本上是多余的，因为他的演讲几乎每次都很成功。

他们回国后不久，布拉格的女儿卡洛埃与阿尔班结了婚。为了让新婚夫妇有一段自己的家庭生活，卡洛埃的姨妈洛娜特地从阿德莱德赶来帮忙。洛娜无论什么时候，只要攒够了车费，总会来英国与布拉格他们相聚。格温去世时她来过，现在她赶来照顾威廉·亨利·布拉格在皇家学院的家。卡洛埃夫妇与皇家学院的联系中断了很久，大约十八个月后他们才回去，并占据了院长宅第的一部分。

布拉格是满足的，他从来都不奢求什么。卡洛埃和丈夫幸福地生活在一起，尽他们所能帮助学院的应酬和生活，并与布拉格一起分享瓦特兰乡间别墅。布拉格不仅是一位出色的科学家，同时也是一个很好的外祖父，战争期间，在阿尔班外出时，布拉格曾经和自己的女儿一起喂养自己的外孙子。

尽管威廉·亨利·布拉格受到许多人喜欢、爱戴和尊敬，但他一直保持着以前那种羞怯。一次，当卡洛埃出门的时候，曾经建议自己的爸爸有时间就请一些人到家里来坐坐，但是当时布拉格反问自己的女儿说："如果他们来了我自然会接待，但是我应当跟他们说些什么呢？"另一次，卡洛埃的两位姨妈替他料理家务。他非常喜欢整个晚上读书或与她们打纸牌，庆幸不必在晚餐时与人交谈。那时，布拉格认为让他在吃饭的时候跟别人进行交谈比让他做演讲还要痛苦。但卡洛埃的姨妈们觉得这不太好，她们认为布拉格不应该成天就把自己关在屋里，偶尔也应该出来聊聊天。于是，她们自己订好了去听音乐会，并且从皇家学院的管委会成员中仔细挑选了一个人来与布拉格共进丰盛的晚餐。但当她们晚上外出回来蹑手蹑脚穿过走廊，路过画室门口往里窥看时，她们对里面寂无声息感到很奇怪。"他早回家了，"布拉格从书中抬起头来抱歉地说。

上世纪30年代，他开始每周一次到雅典娜俱乐部吃午饭。在那儿，他经常能遇到一些人，与他们讨论皇家学院和别的问题。

随着参与的国家和科学事务越来越多，布拉格与人们的关系也变得越来越密切。没有了妻子格温的保护，布拉格开始学着自己来处理各种各样的人际关系，虽然在这之前他并没有什么相关经验，但是他能够做清晰而有魅力的演讲，当他强烈地感受到什么的时候，他能够表达出来。当他有什么要说的时候，他就与人或谦虚或骄傲地交谈。但是，精明的交谈令他受惊，下流的玩笑话让他不安。威廉·尼克尔逊为他画了一幅画像，悬挂在皇家学院。为了使模特儿保持愉快，尼克尔逊给他讲了许多威廉·亨利·布拉格不曾关心的小故事。在这幅家庭收藏品中，你能从他的面部表情看出这一点。显赫的三一学院高桌谈话和学院政治令他三缄其口，但他喜欢雅典娜俱乐部的安静谈话。1929年，他被选入由乔书亚、雷诺德和约翰逊建立的用餐俱乐部。他们相聚在皇家咖啡馆，轮流做东，一起吃饭和交谈。

1930年，皇家学会授予威廉·亨利·布拉格科普利奖章。1931年，他又被授予功绩勋章。这些奖项是对他工作的信任。1932年他大胆计划了法拉第百年纪念庆典，给他带来了更大的鼓舞。

百年庆典活动的组织工作十分艰巨。皇家学院的常务秘书长托马斯·马丁制定了很多富有想象力的计划，还编辑出版了法拉第日记。这本日记逐天记录了他近四十年的实验研究生活。阿尔伯特大厅举行了为期一周的展览，展厅中央的法拉第白色雕像看上去如此普通，但看到他却使人感到自己的渺小。雕像周围是法拉第使用过的仪器装置，其余的空间则充满了机器和技术设备，它们都配有从他本人的日记中摘录的描述。所有机器设备都匿名演示，没有名字，没有通告，由大学和技术学院来的志愿者解释它们。所有这一切都是为向大厅中央的那个人表示敬意。

布拉格的女儿卡洛埃负责举办家庭纪念庆典，邀请从世界各地来的代表，并热情招待他们。不过，这项活动有些相形见绌，因为西班牙客人未及时赶到。女王大厅也正在举行盛大的纪念会，亨利·伍德爵士指挥交响乐队演奏了普塞尔的小号独奏和巴赫的作品。首相发表讲话，接着是德布罗意、马可尼、埃里胡·汤姆逊、塞曼和德拜发言。讲台后排的显要人物包括斯马特、卢瑟福和汤姆逊。随后，威廉·亨利·布拉格发表了纪念致辞，演讲向全世界广播。

1935年，威廉·亨利·布拉格被推选为皇家学会会长。他写信给前任会长弗里德里希·古兰德·霍普金斯。

亲爱的会长：

在我回复您最近写给我的信之前，我觉得应该征询一下皇家学院同事们的意见。我发现，他们给我的建议极有助益。他们十分赞同我应该缩减演讲的次数，热情鼓励我接受您传达的邀请。我还认为，询问我的医生我能否完全投入是明智的（那时的布拉格已经患上了动脉硬化，只能进行远距离的步行，可是，当时的医生却说，与其闲死，倒不如忙死）。这次会见的结果也令人满意。不过，您知道，我快七十三岁了。如果我可望任会长一职五年，并相信一切正常的话，那届时我应该是七十八岁。因此，到两年或三年时评议一次这个职位是明智的。

结果，威廉·亨利·布拉格干满了五年，但是他未能理解自己是怎样达到这个职位的。虽然他那时已经非常疲倦，但是他仍然坚持工作。他以乡村老人的缓慢步伐从阿伯马尔大街步行到伯林顿大楼。这种轻度的蹒跚看上去很像很久以前在布拉格父亲的农场里的那些人。路上，他有时会停下几次，这时他似乎对一些商店橱窗深感兴趣。一天晚上，卡洛埃推开他研究室的门，看到他满脸疲倦地从论文中抬起头来，于是说："爸爸，你有必要这样卖力地工作吗？"

他简单地回答道："我必须这么做，宝贝。我总是担心他们会发现我知道得多么少。"

第六章　最后的岁月

1. 布拉格的广播演说

　　威廉·亨利·布拉格是最不关心政治的人之一。1937年2月，他谢绝了做英语联合大学议员候选人的邀请。但是，他对于国家却有强烈的责任感。"去帮助你的邻居"，这在他的笔录和口头语中经常出现。1932年，在递交给首相的一份名为《关于裁军形势的国家备忘录》的文件上，他是众多的签名者之一。1933年，他积极参与"学术援助会"的工作，因为那时希特勒正在从德国驱逐犹太学者。皇家学院接收了一位犹太教授，这位难民一直从德国走到黑海。他在皇家学院呆了一段时间，他们为他买了一双新靴子，同时给他找了些事做。

　　1934年4月21日，《泰晤士报》刊登了一封信呼吁基督徒和英国犹太人帮助德国犹太人，签名是考斯默、康托尔、塞西尔和威廉·亨利·布拉格。

　　在整个30年代，世界格局一直是乌云密布。1938年8月，慕尼黑危机爆发。9月初，一些国会议员写信给《泰晤士报》称，世界的安全只能通过道德重建才能获得。随后，9月10日的《泰晤士报》又发表了一封由巴德温、萨利斯伯里、桑凯，许多勋爵、领导人和武装部队首领，以及其他人署名的信。信中问道：

　　　　世界将向何处去？文明的将来会怎样？世界再也不能

从一个危机陷入另一个危机了，我们必须在危机以悲惨的结局结束之前行动起来。因此，时代的真正需要是道德和精神的重建。

威廉·亨利·布拉格就该主题做了广播演说："作为签名者之一，有人要我谈谈这封信对我意味着什么。"他谈了他的想法。在这儿引用他的大段讲话，因为这表达了他对政治、对国家和对信仰的态度。

我们正在经历一个非常令人不安的时代，一次可怕的危机刚刚过去……然而我们不能松懈，因为我们担心还可能会有别的这样的危机。我们怀疑，如果过去几年我们明智些，导致这场危机的困境或许就不会出现，现在也就不会有任何遗憾。那么，为了赢得毋庸担忧的未来，为了获得永久的和平，为了使我们无拘无束地致力于更有秩序的世界事务，我们能够做些什么呢？

《泰晤士报》上刊登的公开信主张，一个民族的力量在于她有活力的原则。对于每个民族来说，她的外交和内务政策归根结底是由她的人民的品格和她的领导者的感召力决定的。如果我们对自己不满意，那我们必须设想，或者是我们的原则不正确，或者我们没能很好地遵守它，我们的品格发展得落伍了。一个民族的准则应该是什么？这些准则不是别的，就是我们所知道的那些伟大导师所宣扬的东西。基督以两项戒律的形式阐明它们："你要爱你的君主如同全身心地爱你的上帝", 以及"你要爱你的邻居就像爱你自己"。苏格拉底指出, 一个人必须寻求过正确的生活, 并以正确的方式来生活。他的教导暗示, 一个人的生活必须与他的同胞的生活联系起来……"我花了毕生的精力, "苏格拉底说, "就是为了劝你们把关注灵魂的完美放在首位, 直到你们不再考虑你们的身体或财富。"他随后又像基督一样说: "如果一个人得到了整个世界而失去了他的灵魂, 这对他能有什么益处呢?"

让我们把这一点视为当然, 即我们会解救我们自己, 或如许多人所说的那样, 我们会与上帝靠得更近。那么, 让我们铭记, 我们已被告知怎样着手实现它。真的, 我们已经知道了, 所缺乏的只是要具备的知识。那些伟大的导师, 尤其是基督教的创始人坚持认为, 如果我们能按照第二大训令去做的话, 我们就会实现我们的愿望。即我们应该爱自己的邻居像爱我们自己一样……这是对第一点的完善和充分补充。我想, 我们或许可以恰当地建议: 试着这样去做吧! 它是我们正在进行的一项实验, 是所有实验中最伟大的。

如果我们遵循它, 并能够确认我们被告知的东西, 如果我们每个人或多或少都这么做, 并已经真正地采取了行动, 那么, 我们就会逐步取得信心。但如果我们不去尝试, 我们将永远没有自信。

我在这儿正在表达的东西，对每个了解科学，接触到通过实验获得的自然知识增长的人来说，都是极其自然的。据我所知，这种科学对我所讲的那些伟大原则没有丝毫影响，但它确实影响我们是否准备努力遵循那些原则的态度，而这种态度是最有用的，实际上是必要的。让我试着解释一下。人们对自然界的知识，尤其在最近几百年中大大增加了，并且改变了世界的面貌和人们的生活……但是，注意到这一点是很重要的，即我们对自然界的更多了解只是我们以前所知道的世界的扩展，领域更宽了，但性质是一样的。至少迄今为止，我们没有从物质世界行进到精神世界。科学工具没有使我们以新的方式更接近上帝。另一方面，科学可以在我们为邻居服务时给予我们巨大的帮助。这是上帝的安排……

　　我们所有的被称为定律的东西，都是假说。我们随时提出假设，并付诸检验。我们只保留被证实了的假设。甚至我们知道，连我们的证明也可能是不充分的，因为我们知道的东西太少了。陈述需要时时改进，这不仅是因为新的实验显示出了这种必要性，而且是由于随着时间的推移，语词的意思也改变了。实际上，语词在任何时候对听到它们的不同人来说都可能意味着不同的事。因此，在做出断言时，我们必须具备非常谦逊的态度。所有的假说都是暂时的，任何假说所具有的唯一作用在于它能提出进一步的实验。除非能导致行动，否则假说没有用处。

　　科学家在谈论精神生活时，也使用相似的术语表达自己的想法，这是自然的。不仅科学家如此，许多非科学家或许更倾向于这么做，因为思想和言说的科学方式越来越平常了。一个人称之为信条的东西同另一个人称之为假说的东西，指的是同一件事。我相信许多人已发现这里有一个误区。他们认为，除非他们能说某些陈述的真理性是确定不移的，否则精神生活就不会有进步。这些陈述不在检验之列。但是，如果他们知道有一个崇高的实验，需要竭尽我们的身心去做；如果他们明白这项实验的结果可用来检验那些提出这项实验的假说，那么，他们就将负起责任……

　　的确，这项实验也许非常困难。有时它很容易，比如当我们愿意而且知道如何为他人提供帮助时；有时我们用尽所有智慧仍不足以告诉我们该做什么，也许就像我们的邻居面对悲惨苦难或困难的选择时的情形；有时我们对自然规律知道得太少，比如当一些身心疾病超出了目前科学能解释的范围时。的确，成就我们的事业需要用爱唤起我们的一切努力，需要我们的所有知识——无论是从过去延续下来的，还是通过现代研究揭示的。怠惰的仁慈也许不过是个恶作剧，我们需要的远不止这个。

　　进行这项实验时我们必须做什么？首先，我们必须使自己在身体、心灵和智力上适合这项工作，适合于帮助我们的邻居。因此，我们的心灵同样必须谨慎，乐于反思邪恶而不受其玷污。要训练自己喜人之所喜，寻找每个人都至少部分拥有的善意。我们将依靠这一点作为共同体的约束力……最后，我们必须崇尚学问，因为没有它，我们就不能提供我们能够提供的帮助。

我们近来赢得的解脱无论是持久的，还是暂时的，都使我们看到了权威国家的实力，再次认识到训诫和共同意志的力量。只是，就我们所言，我们希望对训诫的服从能够表达智慧和善意。我们的服务是自愿的，不是被迫的，但它必须全力以赴和充分准备。这正是要全心全意地努力实现第二项伟大训诫。在这个国家，我们有机会做出努力，尽管我们受到已有的和正在建设的国防力量的保护。我们内部越是和谐一致，我们在安排一种外部的和国际的和解方面就越有成效，我们离拆除所有军事防御设施的那一天也就越近。

我们不知道离这一天还有多远。我们唯一可以肯定的是，只有我们全力以赴，尽战争所要求的最大努力为它工作和战斗，这一天才会到来。道德的重建是必要的。

肯尼特勋爵和瓦特·莫伯利爵士继续了这一系列广播。这些演讲曾经在遭受恐怖的地区引起了巨大的反响，在当时减轻了人们因慕尼黑危机而产生的恐怖不安。从荷兰女王到唯灵论者，都呼吁予以支持。在布拉格发表广播演讲后的第二天早晨，布拉格他们还在吃早饭的时候，两个热情的年轻人来访，说他们的老板布克曼博士——美国福音传教派"牛津小组"的领导人，诚恳地希望与他会面，并问布拉格及家人是否可以在某个下午到布克曼博士设在布朗旅馆的总部去喝杯茶，布拉格经过慎重考虑之后同意了。"牛津小组"在当时的影响力是相当大的，他们拥有很多信徒，是一支势头强劲的传教力量。布拉格家人的一些有才智的而且值得人尊敬的朋友也卷入其中。然而……

那天下午，布拉格带着自己的女儿穿过大街来到布朗旅馆，被领到一间不通风的私人起居室。布克曼博士正在那里等候，他被信徒们簇拥着。

布克曼博士想要吸收布拉格加盟他的组织。他们喝茶的时候，一个信徒以《旧约》先知的热情宣布伦敦东区的一些工厂如何已得到"改变"，其他人也提出证据予以支持。布克曼博士说的话虽然并不是很多，但是他的话往往有引导作用。布拉格觉得布克曼博士的路不是他要走的，而这个组织也没有赢得布拉格的支持。

可令布拉格感到烦恼的是，布克曼博士采用了"道德重建"的提法，并在以后将其作为他游说的口号。

2. 活到老忙到老的布拉格

到1938年年底，战争已经迫在眉睫。不过，布拉格还是想尽一切办法和德国科学界保持联系。1938年12月，他在皇家学会会长致辞中声明：

> 作为我与柏林的普鲁士国家图书馆领导人克鲁斯博士讨论的结果，我最近收到凯撒·威廉学会会长波什博士的来信。来信邀请皇家学会合作开展一些既能促进科学发展，同时又能增进相互理解和亲善的科学活动。波什博士邀请我方若干代表于今年冬天到凯撒·威廉学会客访一周，并希望我们能做出相应的回请。我敢肯定，这一友好的姿态将受到皇家学会会员们的热情欢迎。

1939年1月，一则呼吁友好的报告由BBC以德语播往德国。布拉格是十八位签名者之一。3月，皇家学会着手编辑一份《全国科学家名录》，以备战争之用。4月，威廉·亨利·布拉格来到华盛顿，在美国全国科学院做了访问演讲：《皇家学会档案史》，表示要与美国科学界保持密切联系。美国科学院院长1939年6月30日写信表示感谢："……在科学界，您的访问以其独有的特色，就像随后贵国国王和王后的访问一样成功。"可以说，这是一封令人感到鼓舞的信。

在3月到4月之间，两位英国科学家唐南教授和克拉克教授，与莎士比亚学者多佛·威尔逊教授一起，赴德国进行在皇家学会宣布过的互访。5月，开始修建家庭防空洞。6月，四位德国科学家作为皇家学会的客人回访英国，并在皇家学院做了演讲。

7月，商店里开始充斥着防空袭商品，疏散计划得到完善。1939年8月，妇女们都在缝制遮光防空窗帘。

有一天晚上，劳伦斯打电话说最好立即搬到乡下去，因为汽车可能在第二天被征用。于是，他们将疏散用的毯子和孩子们冬天穿的衣服装进汽车后箱，在那个晚上离开了伦敦。以后的五年，瓦特兰成了全家人的家。

去瓦特兰的第二周战争爆发，那时卡洛埃的第二个孩子刚刚出生四天，布拉格在一封写给格温在阿德莱德的妹妹洛娜的信中，描述了战争开始头几个星期的情况。

那时的伦敦在准备经受一连串可怕的空袭，但空袭并没有发生：结果像没事一样，令人惊奇。政府发现难以说服人们采取必要的谨慎，尽管他们是严厉的。伦敦的晚上像乡村一样黑，人们慢慢地走路，不准携带报纸或别的白色物品，任何在黑暗中弄出一束光亮的人会受到斥责。商业受到可怕的干扰。许多商品成了多余的，人们只过极简朴的生活。这给那些奢侈品供应商带来了麻烦，因为他们依赖于人们需要奢侈的假定。

可即便是在这样的情况下，威廉·亨利·布拉格仍然要去参加皇家学院的会议，他们必须制定自己的计划。但困难仍然是无法确定空袭会持续多久，以及街道必须保持黑暗多长时间。年轻人大都去参加这样或那样的战争服务组，老人就不行了。很显然，星期五晚上的讲座甚至下午讲座都很少有机会做了。 一些大学学院搬离了伦敦：国王学院去了布里斯托，大学学院则去了伯明翰。布拉格一直在想，他们自己也许该再做些事情，帮助那些不能随学校去那么远地方的学生们。事实上，布拉格已经做了一项非正式安排……从那天起，汽油将定量配给。他们每月有七加仑，大约够他们每星期跑四次车站。布拉格在战争开始前贮存了一点汽油……可能会额外申请一些，但布拉格怀疑是否能得到。在当时来说，如果能让布拉格担任某个特别的战争职务，他就能设法得到多一些的东西。布拉格希望他们能给自己安排一些适度的工作。

而且，当时的疏散是一项很大的行动，进行得很有技术，当然也带来了大量新问题。没有父母的孩子多数情况下都安排得不错，而且布拉格认为，他们会因这一行动而受益。婴儿和父母们比较困难。母亲们不能忍受这种寂静、缺乏商店，尤其是没有供应鱼和油煎土豆片的商店，许多人已经回去了。当局极为担心，他们几乎希望来一次空袭，以说服人们谨慎不是不必要的……威廉·亨利·布拉格整个星期都呆在皇家学院，与他的秘书韦妮弗雷德·戴根、厨师埃塞尔以及其他几个妻子和家人已经撤离的男人在一起。周五晚上，威廉·亨利·布拉格带着这个星期的影片返回。1941年1月5日，布拉格写信给洛娜，其实，布拉格又有很多事情想告诉她，但布拉格怀疑自己是否能通过审查。因此，布拉格必须非常小心。他忙于各种各样的事情，任皇家学会会长的五年任期结束了，这让布拉格简直不敢相信。不过，那时的布拉格仍然是粮食科学顾问委员会主席、汉基内阁科学委员会主席……后来，皇家学院只剩下一次周末讲座了。布拉格每周有一半时间住在公寓的一楼房间里，其余时间在瓦特兰。到那时为止，只碎了几扇窗户。他们大约有五十到七十个人睡在地下室，他们大多数看上去还喜欢那儿，因为地下室温暖干燥，并有同事和音乐。马克姆·麦克戈干睡在楼下，还有戴顿小姐和埃塞尔，她们为布拉格他们看房子。波桑克特走了，他妻子已从美国回来，他们有了一套房子。他的位置被布拉格其他朋友中一个叫考克饶夫特的人接替了。后来，布拉格和皇家学会的其他一些人坐在一起开了一个小组讨论会，建议收容办公室考虑发挥收容难民的特长。之后，布拉格又出席了在礼堂举行的一次会议，会上这个区的消防监察员们讨论了他们今后的安排……布拉格对不同人所表达的不同观点很感兴趣。这些人中有商人、平民、农场主、佃户，一些人周末留在城市，其他人则不。有许多令人赞佩的爱国主义努力，也有少数令人气愤的人不愿做任何事。不过，总体上还是好的。五月花街区的监察员负责人是一个出色的人。避难所提出了一个很棘手的问题，但布拉格却始终认为他们自己的避难所的情况要比平均水平好些。

皇家学院避难所有它自己的老顾客，避难者都有自己的床位和褥垫。有些居住者穿过整个伦敦到那里去住，并说那里是最好的。他们中的一些妇女白天在当地街角上等待雇佣。在哈罗韦伦，避难的居民们为皇家学院全体人员举行了一次晚会，给他们每个人发了请帖。布拉格的请帖保存下来，上面有一位捷克艺术家用女巫画和生铁煎锅做的装饰，还画有食物和许多饮料，女巫们在玩钓苹果游戏。

3. 布拉格最后的时光

威廉·亨利·布拉格在皇家学院的生活每时每刻都很有规则和平常地进行着，以至于没有适当的机会感受这种平凡。毫无疑问，人们已经变得坚强起来。有一段时间，当人们听到警报时就会急忙成群结队地涌入避难所……但一天，布拉格注意到，尽管有一次"红色警报"，但大多数人并没有在意。在一个雾浓而寒冷的冬天，布拉格猜人们认识到空军不可能知道自己的方位，只能随机地投下炸弹，而被一个孤单袭击者丢下来的单个炸弹击中的机会是很小的，完全可以冒冒险。

布拉格很高兴这个国家受到世界的称赞，这真令人高兴。他们的人肯定做了伟大的事情，令人赞佩的事情，像过去做的任何事情一样出色。与此同时，布拉格也很高兴澳大利亚人以他们特有的方式表示他们这周为避难所的孩子们举办了一场有趣的化装晚会。

其实，卡洛埃他们在乡村的生活很忙碌：分配宿舍，编排晚会，妥善分配定额食品，匆忙骑自行车探听消息，照顾患百日咳的小孩……

威廉·亨利·布拉格的小孙子午夜时读了两小时的《水孩子》并吃了姜味饼干，然后说："我们不是过得很快乐吗？"而此时外面正枪声大作，空投炸弹抛向树林。

后来，当威廉·亨利·布拉格他们听到德国侵略苏联的消息时，在晚上，他们聚精会神地收听了丘吉尔的广播讲话。他们认为丘吉尔讲得很好……对这些重大事件，布拉格他们几乎不能判断其严重程度。布拉格不知道苏联人将如何应付。众所周知，这场战争的精彩之处是涌现出了许多杰出的领导人：丘吉尔、孟采斯、斯马兹、弗拉塞、罗斯福、柯德尔、胡尔、维南特……名单还可以列得更长……

事情的进展是惊人的。扩大空军力量的提案使人大吃一惊。根据公告，年轻人得早早准备被征入空军。人们猜想肯定有一二十万年轻人被征募进十六至十八岁的童子军新组织。但那时的威廉·亨利·布拉格只想为那些精选出来的战士安排几次演讲，而且布拉格觉得要是自己能亲自去做一次或几次这样的演讲就更好了。

布拉格确实在皇家学院为空军训练军做了一次演讲，这次演讲一共重复了三遍，并在1941年12月以《电磁理论的故事》为题出版。

在瓦特兰的长周末是在伦敦紧张的生活之后的放松，布拉格又给洛娜写了一封信：

经过前几天的闷热之后，开始凉爽宜人，今天上午，我坐在苹果屋里做些晶体计算来打发时间。最近我送了两篇论文给皇家学会，不一定是很重要的成果，但我想十分有趣。当然，年轻的一代已经远远走在像我这样的人前边了。但我担心，他们这次过于超前了，以至于忽略了某些东西。他们现在虽然超过我很多，但是我现在愿意拭目以待。美国人没受什么打扰，他们进展得很快。晶体实验和理论这项新事业很合他们中一些人的口味。我对我在皇家学院的同事非常满意，包括女人、老人和难民，他们正在做的研究将开辟出一片新天地。我做了很多计算，这些计算很像是一个女人编织的毛线。虽然我主持很多的委员会，但实际上我并没有太多的工作要做，所以我有时间。我比尊敬的老格兰特爵士的情况要好多了，他说他发现自己在"组成"法定人数方面极为有作用！他现在已经八十多岁了，而我这周三也将进入第八十个年头了。

1941年6月23日

1942年，威廉·亨利·布拉格与广播电台有很多联系，担任主要负责外国科学宣传的"英国对外文化协会"的主席。BBC安排了系列性的十二项关于科学的讲座，主题为《揭开科学面纱》，这是一个包容性很强的节目。布拉格做了第一个演讲，并且不得不主持了其余的演讲。此外，布拉格还做了两次学术广播，一次是关于皇家学院的"收容服务"的谈话。此外，也帮助"美国对外文化协会"制作了一部关于皇家学院的影片。当戴尔访问美国期间，布拉格又重新代理皇家学会会长职务。再加上其他委员会的事情，布拉格的手头工作总是满满的。布拉格在皇家学院继续进行讲座，来听讲座的观众还不算是太少，除了战争新闻之外，观众们还喜欢听一些别的事情。

讲座的主题是威廉·亨利·布拉格自己定的，旨在表明人类在宇宙当中的位置。正如他在引导演讲中所说："我们活得实在很盲目，根本就不了解更大的世界，其首要的成果之一就是让人们的心智得到开放，克服自我满足，揭开一个更大世界的隐藏事物的面纱。"

每周一，威廉·亨利·布拉格都要介绍一位演讲人，他一共介绍了十个，其中也包括自己的儿子劳伦斯。3月21日，就在这个周一，贝尔纳做了关于"生命起源问题"的讲座，并采取了与威廉·亨利·布拉格对话的形式，布拉格实在是太累了，他的心脏不堪重负，就在那次对话之后的星期四，他溘然长逝。

第七章　布拉格在工业、教育以及国家方面的事务这一章我要讲述威廉·亨利·布拉格怎样为教育、工业和国家事务工作，最终成为代表科学的国家著名人物。他从事这些工作的动力是深深的责任感。

想要谈布拉格的这些方面，我们就必须要让时光倒流。所有的一切都始于阿德莱德和教育。当布拉格到阿德莱德后，他在实验室中发现学生的质量非常令他失望。1888年，在大学的纪念庆典上，他针对澳大利亚和英国的教育状况发表了演讲。那时的他只有二十六岁，非常羞怯，两年前刚刚来到这块殖民地。他对现状十分震惊，但是后来他还是经过了精心的准备，他发表了这次演讲。《南澳大利亚广告报》该年12月2日对此进行了长篇报道。虽然这篇论澳大利亚教育的演讲看上去像是犯傻的举动，但是我们不要忘了这对于一个年轻真诚的教授来说是多么重要。

那篇报道的梗概大概是说在19世纪的最后几十年，技术教育在欧洲大陆的发展已经远远超过了英格兰。但令人吃惊的是，正如这位社论作者所说，竞争者是受过职业训练的外国人，正在抢英国职员的饭碗，这些英国职员受到的只是普通的教育而并不是专业的训练。也有一种舆论认为，工人阶级的孩子应该在上学期间接受职业教育。布拉格的演讲明确倡导普通教育而不是职业教育，他认为并不是因为教授的科目太多，而是教学的方法有问题。澳大利亚的中学模仿了英国公学的模式，过分强调古典语言和数学，而提及科学的教科书却少之又少。他主张在课程中增强实验科学，指出逻辑推理和观察训练对学生以后从事无论什么职业都将是有用的。布拉格进一步质问这样的实验方法恐怕也没有在其他的课程当中得到应用，而在儿童成长过程中，从具体问题开始逐步走向抽象是一种自然的方式。传统教育制度也许可以以某种传统方式在年轻一代中发展履行责任的能力，但是这样的制度不能训练学生的心智。而现代科学就好比是一种能力和工具。有了这种知识和能力，他们可以为自己创造出新的工作和新的工作方法。布拉格自己也总是抱怨曾在拉丁诗文上花费时间和精力，他在古希腊的思想和智慧当中并没有得到什么收获，在这次演讲结束的时候，他不那么有信心地指出，只有充满睿智的公众意见才有可能带来改变。

这不是一种新的观点。汉弗莱·戴维甚至倡导科学应作为一种对年轻妇女的训练。他用这样的话开始他在柏林的系列演讲："在这间屋子里，我相信我不必进行任何复杂的论证去支持懂点自然哲学对改善妇女心智的作用。"

1862年，法拉第在公共学校理事会上作报告时声称："在过去的五十年，世界已发现的如此丰富的自然知识仍不为人所知，没有做足够的努力将它们传达给正在成长的年轻一代。最初看到这些现象对我来说是一件奇怪的、难以理解的事，尽管我认为反对意见正在消失，但克服它们仍然很困难。这些现象应该被克服，对此我丝毫也不怀疑。"

在做首次演讲后十一年，威廉·亨利·布拉格教授的观点再次引起报界的注意。1899年5月9日，《南澳大利亚邮报》头版又发表名为《学校与教师》的社论，第二版则刊登了《英国和欧洲大陆的教育：威廉·亨利·布拉格教授的报告》。这篇报告是布拉格在英国考察一年之后的收获，它表明布拉格对教育问题的热切关注受到了重视。

在英国周游期间，他参观了伯明翰和剑桥的学校，考察了巴蒂尔塞多种工艺学校，当时，布拉格正受到国内经济学派新思想的强烈吸引，访问并与著名教育权威通信，收集了有关英格兰和威尔士以及包括法国、德国、瑞典在内的国家的学校和教育体系的详细资料，还在阿伯里斯特韦斯出席了教师协会的一次会议。

返回南澳大利亚后，布拉格向教育部长布特勒阁下提交了自己的报告。邮报的社论作者称该报告必然会长一点。摘要以三个专栏刊出，下面是摘要的梗概。

布拉格写道：

英国教育形势的关键是，英国人认为他们的大陆邻邦已超过他们……并且，他们正大力发展教育，尽管他们为恢复其地位所做的努力有些慌乱。这种形势中出现的某些问题得到热烈广泛的讨论，其中两个最重要的问题是：

除初等教育外，国家教育当局对高等教育提供资助；

改善培养和训练教师的方法。

接着，布拉格对大陆国家健全的教育系统进行了一番赞扬，提到萨克桑尼的教育已经普及到所有人。

事实上，在英国，学生们受到的道德素质教育是全世界任何一个国家都无可匹敌的，但在自然知识教育和实施教育的质量上，在学校提供的适应各类人的要求上，在各类学校之间的系统联系上英国还有很多需要向别人学习的地方。

好的普通教育应该在所有情况下优先于任何好的技术教育的尝试意图……毫无疑问，从需要上说，英国花在技术教育上的大量金钱全部白白浪费掉了。此外，有关于英国教师的训练改革。1898年的学生教师部门委员会说："我们认为，所有打算做教师的人都应该上中学完成他们的学业，这是极其必要的。"

阿德莱德的社论作者指出，很多老师为了通过资格考试，不得不白天教书，晚上再来学习，非常辛苦。

所有这些导致了1900年南澳洲为所有小学教师在阿德莱德举行了为期一年的强制培训。由于一项对大学的慷慨捐赠，这次强制培训是免费的。总督在1903年发表讲话时称，在这个方面，南澳洲走到了世界前列。

不论布拉格对学校的职业教育多么反对，他仍然竭尽全力将技术教育安排在适当的位置上。他非常关注矿业学校，还有初等商业考试规则。正如他所说："英国因受恐慌的影响导致建立了各种技术学校……强调对普通知识牢固基础的需要。"

当墨尔本大学的皇家委员会1903年参观阿德莱德大学时，他们声称："我们被深深打动……一个显著的特征是全体教员对于基础教育所具有的开明态度。"

1904年，布拉格开始了他令人激动的科学研究探索。直到1909年他快要离开澳大利亚的时候，才有一些与教育有关的简报。当时，在各种临别赠言中，有来自教师的令人感动的道别。有一则简报是关于布拉格倡导在阿德莱德大学设立一个天文学教席的。这项提议肯定会使他的岳父、已退休的政府天文学家查尔斯·托德爵士高兴万分。布拉格曾在与他一起做无线电报实验时，度过了很多快乐而美妙的时光。此外，就是关于布拉格1909年1月在布里斯班所作的澳洲科学促进会会长致辞的大量报道。那是他在离澳回国前发表的最后一次公开讲话。

致辞的第一部分描述了放射性研究的最新进展；第二部分对澳洲的大学可以做些什么发表了评论，他急切地呼吁提供研究奖学金，这样研究生就可以在大学里进行一段纯粹的应用性研究。他说："在大多数国家，有效的教育阶梯已经或多或少广泛应用于从小学到大学的教育中，并且通过大学课程进行的训练也非常适合于那些今后可能会在适当指导下从事研究工作的学生……但是，他们中的大多数必须立刻开始找到谋生的工作，从而造成了精力的分散。"

他主张大学要与工业和农业需求相协调，而且他还说："纯粹科学和技术科学彼此互相促进，决不能将它们分开。需要研究新的采矿方法，小麦育种，葡萄栽培，绵羊疾病，果树疾病和林业知识。如果国立大学要充分发挥其作用，就不能像过去的修道院那样置身事外，而是必须与人民相结合，从服务于他们需要的努力中汲取力量和激励。"

布里斯班《每日邮报》的记者显然并不理解布拉格报告第一部

分关于放射性的说明，他受到第二部分内容的鼓舞，写道：

当威廉·亨利·布拉格教授集中关注研究工作所需的时间和金钱，以及研究可能对我们的采矿、制造业和农业带来的影响时，我们都可以饶有兴趣地参与讨论。

威廉·亨利·布拉格在1909年春天到利兹大学工作时已经四十七岁，在此之前，在他的职业生涯当中，有一半的时间都献给了教育事业和教学目标，这让他在艺术解说方面得到了长期训练。在阿德莱德获得的自信，在利兹遇到挫折，这种训练后来在皇家学院的讲座、演讲、广播讲话和皇家学会会长致辞中结出了果实。一次，一个相当冒失的年轻人告诉布拉格他要成为一名作家，布拉格抬起头来看了看这个年轻人之后，平静地说："噢，那又怎么样？"对于布拉格来说，语言只是一种能够表达的工具而已，他的目的不仅是向大家讲述科学探索与发现，还要告诉大家科学到底可以用来干什么，他希望自己能够唤起年轻人对科学的好奇心。布拉格善于运用自己的语言工具，而且他在表达自己的思想时言辞适当而优雅。他在利兹当教授的时候，布拉格逐渐了解了制造业的从业人员，并在繁重的大学授课之余为工人教育联合会做讲座。

1912年后，在他的研究工作经过了最初的挫折与失败之后，与他的儿子劳伦斯的合作让他取得了进展。1915年，他受邀担任伦敦大学学院教授，并写了一封信给化学教授，大学评议会有影响的资深成员史密斯。信中，他表示打算辞去利兹的教职。信很长，下面是其中的摘录。这些摘录表明，布拉格最初在教育上的兴趣已从学校、技术学校和大学，扩展到了工业事务，表明他正在探索科学家为国家事务服务的可能性。

亲爱的史密斯：

……我认为，如果我去伦敦，研究工作会进行得更快……但依我之见，这不仅仅是一个研究条件的问题。

战后，如果一切走上正轨，正如您明确指出的，会有另外一种斗争来临。其中，英国的组织、效率和福利必须从发挥科学的作用的观点来考虑。这将需要许多大的行动，它依靠我们每个人从最擅长的方面提供帮助。

尽管将科学的精神和方法引入制造业在这里就可以马上进行，但这只是整个国家总行动的一部分，而不能孤立地予以考虑。

利兹的物理实验室应该发展成为这个行政区的工业研究实验室。在这之前，实验室的教授和研究人员应该先调查纺织业中发生的所有相关的物理学问题，作为以后研究工作的重点。这些值得花费一个人，事实上是若干人的全部时间……只有这样，才能开始为该地区建立一个真正的物理研究实验室。在没有一个范例的情况下，你无法将那里的制造商纳入正确的轨道。除了一些值得尊敬的例外，他们大多过于无知、愚笨和猜疑。正如你所知道的，我十分相信反对派关于质量问题的传闻，因为正是质量问题使约克郡成了著名的工业中心。

你知道，纺织部门没有足够的物理学知识，也不能指望它会了解物理学。物理学问题非那些优秀的人不能解决，对此必须认真对待。我可以亲自就此进行研究，但我不如许多年轻人准备得那么好。就迄今我所能做出的判断，我将不得不放弃所有我自己的研究工作。这看起来像是一个错误决定。

我不认为过去几年我在这一方向上没有起作用，因为人们确实比我来时更加尊崇物理学……但现在是行动的时候了，也许我们能找到一个聪明的年轻人来代替我的位置，并使他投身于我已概述的那项工作。这是我要考虑的下一个问题。让他以不同于制造商确信的方式去证明，对他们的问题进行科学检验是正确的事情，他们应该抛弃成见。这场战争会帮助他们。

另一方面，这项工作的另一部分可以在伦敦进行，我想那正是我有希望起作用的地方。政府将需要帮助，因为我相信他们确实要做很多事情。经过一段时间后，我可以在政府的委员会中取得席位，此外还有皇家学会。我们难道不能使皇家学会成为一个真正的咨询机构，做比审阅论文更有价值的工作吗？我知道已有几个人在尽力，我想我可以帮助他们。我已就此事做过个人暗示，皇家学会应该关注促进科学应用的所有可能性，应该知道要做什么，应该与大学和研究实验室取得联系，及时提出建议和协

调，并对好的服务工作予以承认。我们决不能低估它已经
做的工作，但我认为，它在今后的事务中还能发挥更大的
作用。

我认为我可以提供较多的帮助，因为我在这里就生活
在工业活动中心，多少了解这些人和工厂主们的特征，他
们的优良品质和他们对其工作的某些无知。

所有这些对我来说意味着一件事，即我或许可以为您
和总体目标服务，最好马上就开始。

1915年3月26日利兹大学

在1915年年末，威廉·亨利·布拉格去了伦敦大学学院，但并
没有呆很长时间。不久，他就离开那里去发明与研究委员会从事战
时研究工作。在北上做海军部设在上河口的研究站常驻主任之前，
他接受了采访。1916年3月4日的纽约《周末邮刊》上有一篇文章，
标题为《英国科学与战争，采访伦敦大学学院教授威廉·亨利·布
拉格》。在文章第一部分谈到为海军建立常设研究机构的需要，之
后又谈到对军用品的迫切需要。此外还有光学玻璃和染料，它们过
去是从德国进口的。这位记者称，有些困难引出了"英国制造业对
科学的态度这个更为一般的问题。典型的商人由于其眼界狭隘，近
来受到严厉指责"。但他发现，商人并不接受这种指责。布拉格承
认，在若干年前，当他从澳大利亚回国时，他倾向于认为英国商人
是落后的。但他接着说："对于一个大型工厂的老板来说，雇佣过
受过训练的化学家进行研究工作的确是非比寻常的。人们希望他们

能够发现一些对其行业有用的途径，但你必须记住，英国制造商的手头儿已经够紧了，他们必须尽其所能，满足那些惯于生产产品的需求。"

威廉·亨利·布拉格指出，在有些国家，制造商因要参与商品销售竞争而鼓励科学研究，然而"实践中的这种悬殊对比并不意味着英国商人不关心科学"。对此，布拉格举例说明了为让科学和工业更密切地合作，利兹以及中部和北部的新型大学所正在做的事情。

此前一两天，报纸上发表了一份备忘录。这份备忘录是科学界的几个不满意英国政府对科学事务的一般态度的著名人士发表的宣言。他们提请注意部分政府领导人和行政官员缺乏科学知识，并指出，在整个英国政府的历史上，只有一位内阁部长——后来的普赖费尔勋爵，是受过专业训练的科学家。这位记者继续写道：

> 我发现威廉·亨利·布拉格教授为使这份备忘录得到赞同做了充分准备。他极为主张应该有一位科学部长负责国家的研究协调。这位部长的责任是了解英国科学界的人力和设备资源……他就玻璃和染料的危险状况提出警告，主张阻止猪油的出口，以免德国从中提取甘油用于制造炸药。在任命一位科学部长之前，威廉·亨利·布拉格教授希望看到皇家学会发挥某些协调研究工作的职能，直到一位政府官员最终承担这项职责……一些英国科学家急切推动的另一项改革未得到威廉·亨利·布拉格教授的赞许。

他们鼓吹从根本上彻底改造教育系统，其想法是使科学科目成为每个学校课程的主要内容。威廉·亨利·布拉格教授既不赞成他们轻视人文学科的教育价值，也不同意他们认为一门科学课程就足够了的观点……威廉·亨利·布拉格教授追求的理想教育是这两种要素的恰当结合。

至此，一切又都回到了教育。就是在这样的忧虑环境当中，科学和工业研究部诞生了。1915年7月，政府发表了一份白皮书，指出科学家和实业家之间形成了一种有力共识，即需要成立一个新的政府机构，国家应帮助促进工业研究。一个星期后，议会就责成建立一个科学和工业研究委员会，由教育委员会管理。1916年12月，这项职责移交给了一个新成立的部门，科学与工业研究部。枢密院预备了一百万英镑用于资助科学研究，尤其是为合作性的工业研究组织提供资金。布拉格本来以为皇家学会可能要组织这项工作，但他未被指定负责这笔资金的分配。

1914年至1918年的战争第一次唤醒了公众对科学能为工业和国防做些什么的理解，而在经过了两次世界大战之后，这已被认为是理所当然的事。

但是，工业界领导人的反应一直吝啬而缓慢。要在一百年前，他们可能不会如此迟疑。19世纪的法拉第为工业做了很多事，他的帮助被那些虽不理解但想使用他的电学的人们感恩戴德地接受了。那些欢迎新发明的企业主们感激新方法带来的优势，因为他们离企业的工人很近，可能还亲自参加工作，明白科学是怎样使用双手所做的工作加速的。但这些人的子孙们，靠机器挣的钱受教育，开始在国家中形成一个新的阶层，他们与工作和基层工人们之间的距离越来越远了。新的管理阶层由于过去专业阶层和绅士阶层的子孙们开始进入"商业"而大大膨胀，虽然在这之前，他们并不想去做商业，但是现在，他们看到了在这其中充满了金钱。

新的商业绅士在公学很少或没有受到科学教育。19世纪70年代，当威廉·亨利·布拉格还是一个孩子的时候，那时的学校里实际上还没有科学教学；当科学教学真正开始进入学校时，布拉格写道：

> 我能记得科学教学是怎样被其他教学模式以怀疑的眼光斜视。

科学专家们被安排在教师公用室中最差的房间。然而，当上层和中等阶级仍然忽视科学时，那些聪明的下层阶级的孩子开始抓住在这个新学科中出现的机会。这些孩子的出身背景，使他们在传统学科中不太可能胜过其他人。对皇家学会会员的一项分析表明，只有五分之一曾在公学就读。20世纪二三十年代，一个有教养的人可以声称"我当然对科学一无所知"，好像这是个悦人的、值得称赞的缺点。这是一个极端。另一个极端是，一个聪明的年轻科学家可能头脑狭隘，有点轻视科学之外的其他学科，并且缺乏清晰阐述其成果的语言技巧。毫不奇怪，这里有一个鸿沟，而科学发现它很难获得申诉的机会。

从1928年到1931年，威廉·亨利·布拉格是0318 X射线工业应用研究委员会主席。尤其在这段时期，他忙于访问工作，开放研究实验室，讲学，广播，在午餐会和晚宴时讲话，试图提炼、说明和鼓励科学的前景。他对一些工业界人士的迟钝和蒙昧感到沮丧，但是他仍然不断地努力，写作并演讲了《科学与工业》、《X射线有助于英国工业》等等。新闻简报报道了他对气体工业家、光学工业家、染匠，对宝石学家，对食品业、电力工业和电影业，对工程师和运输工人的讲话。他将在谢菲尔德的新金属冶炼实验室比作一块合金中的约束成分……它将理论与实践结合在一起，赋予工业以力量和韧性。他向洗衣工开放研究设施，对橡胶工人、庇金顿的玻璃工人以及许多人发表讲话。

在努力促使工业利用新知识时，布拉格吸收了旧时的学问。他对发现旧时的工作方式的说明十分着迷：1926年圣诞节，他在皇家学院做系列儿童演讲《古老贸易和新知识》；1928年，他在格格斯哥发表了英国学术协会会长致辞《手艺和科学》。布拉格曾经说过，知识的成长，决不会使旧时的手工艺变得贫乏和微不足道。相反，情况常常是，在新的条件下，我们常常对它更加崇敬和感兴趣。科学的生命在于实验，如果一种工具或工序通过若干世纪的经验逐步形成，科学将采用其成果作为一种有特殊价值的实验成就。科学不会愚蠢到抛弃其中贮存的长期积累下来的智慧，在这点上，科学是慎之又慎的。

1935年，他在伦敦大学学院演讲时，又阐述了这一主题：

将过去的一些技术方案全部传递下去，并仔细考察其发端和意义，这是一件令人着迷的事……

乡下人爱讲"黑刺李的冬天"或"冰天使"的季节，他们相信，当黑刺李开花时，原本美好的春天就会突然出现逆流，就好像今年发生了最严重的灾难。他们的观察并没有错，虽然他们的描述是毫不相干的。

在春天，一股巨大的冷空气将从极地移至赤道。因此并不奇怪，大量的冷空气以湍流的形式骤然而至，有时它很不确定，但与该年的一些明确的自然现象相吻合……

很久以来人们就知道，小檗属植物对小麦玉米有害。在马萨诸塞……它们曾被宣布为公敌，并通过一项法律，规定它们应该被根绝。植物学家现在可以给我们说明理由，即锈菌是一种致命的菌类，它是常年性的祸患……对小麦造成危害的菌种有两年的潜伏期，其中一年寄生于黑刺李植物中。我猜想锈菌的这种习性的发现是基于一种有着古老传统的知识……

为什么铁匠在将红热的铁伸入冷水中时要同时使劲地搅动？这可能是因为挨着铁的水必须不断流动以使它保持低温，也可能是因为铁表面不同部分的温度必须相同。当铁匠想要切削一个铁块时，他用一把铁锤驱动铁凿；而木匠做类似的事则用一把木槌和一把带木制手柄的凿子。在前一种情况下，需要强风来驱散那些坚硬的晶粒，我们现在知道铁就是由它们组成的。在后一种情况下，吹风必须更加深长和一贯，更具有推挤的性质。石匠的工作介于两者之间，他用一把铁凿和一把木槌。冶炼学家在长期的实践过程中，为促进其工作而发掘出了一些精巧的配方。他发现，在材料中添加少许其他物质能产生某种效果，比如：当加入少量铝时，钢容易从铸勺中流出。但他们的许多方法纯粹是经验性的，只有现在我们才开始理解其中的基本道理。染色玻璃的制造者偶然发现，将细碎的金粒分撒到熔化物中将使其呈灿烂的红色，但他不知道为什么如此。纺织工发现，如果要使活儿做得好，空气中必须有一定量的湿气，他必须使其工场的湿度达到一定标准。他最好在约克郡或兰开郡设场工作，因为在那里这一标准更容易达到。当然，他不知道纤维由于拉伸、摩擦、互相弹拨而带了电。精细的附属纤维从主纤维中凸出，不再能与主纤维连结在一起。

这是一项古老的观察，可以追溯到首次搭帐篷的年代。绳子打湿后会缩短，这很令人好奇，因为附近的头发纤维不会变短。但是，头发和羊毛活动状态的相近研究表明，湿气也可以引起纤维的侧向膨胀。当绳子打湿时，它变厚了，而纤维的螺旋形式受到伤害不能再多次环绕。由此，从整体上看，绳子就缩短了。

通过古老的技术方案、方法、工艺，可以找到成千上万的其他例子。它们都值得在被遗忘之前，以现代知识的角度加以记录和检验。

正如劳伦斯常说的,促进科学应用的工作就像一台能量不足的内燃机车带着一列火车在爬山一样。可是到了20世纪二三十年代后期,这个内燃机获得了动力,因此火车的速度也得以提升。布拉格1939年初在纽约的讲学中说:"科学发现在继续,没有人可以阻止它,甚至我们自己也不能。对解决健康、工业和每一项人类活动中的问题的要求,使得对知识的恒久需求是如此急迫,以至于知识的增加持续而迅速。即使没有实践的促进,也会有永不衰竭的好奇心要求了解更多的东西。因此,我们必须接受这种状态,寻求领悟怎样最大限度地利用它。在各种明显的行动路线中,一项大的问题是正确地解说科学。也许有些人甚至现在还否认科学家在这方面有任何责任,当然也有许多人过去已经这样做了。然而,如果我们假定自然知识及其带来的力量是人类的共有财产,我们就应该肯定所发现的东西是可以理解的。我们不能强迫人们以正确的方式运用科学,但是,创造恰当运用科学的机会却以某种方式与我们能否将其表述得容易有关。"

由此,话题又回到了教育。布拉格在英国学术协会的晚宴上致辞时说:"现在我将提出一个观点,愿意与大家讨论。我相信,在那些探索新领域的人与大多数外行之间进行交流的手段,远不像它们应发挥的那样有效,并且迟迟未得到改善。不足之处肯定出在互相交流思想所用的语言上……公道地讲,同时向许多人讲述真理是不可能的。那么,当所要描述的事物不熟悉,而描述它们的语言尚未发明出来时，产生误解的机会就大大增加了。因此，科学工作者发现很难将他们所做发现的重要性或优美之处转达给别人。运用语言……选择词汇的技巧……对语言的精细运用，值得教授。"

在另外一个场合，他对这一点做了详述："科学要讲述的故事要求陈述必须简单和清楚，将作者头脑中的知识和推断以尽可能少的误解传递给读者。这些是水平最高的文献所必须具备的一些品质。科学故事是特殊的一类，但很好地讲述它并不会比讲别的事更容易。"

作为一个教育家，不论走到哪儿，布拉格都会一直坚持自己的改革运动。他是科学教师联合会的会长；他开放了学校里的实验室并在授奖仪式上讲话；他告诉罗伊登："人文学科和科学不是对手而是伙伴，谁也不能离开对方而发展。"他到皇家学会任职后，仍坚持科学和别的"人文学科"比通常意识到的具有更多共性。他继续说："不同思维类型的人肯定要比目前更加保持紧密联系……现代经常会有这种情况出现：管理人员因为不能理解技术人员的建议而犯错误，而技术人员不能把自己的观点表达得让管理人员理解。事实上，两者之间不应有尖锐的隔阂。"

他在牛津圣爱德华学院讲到"需要一类科学管理者"；1936年作皇家学会会长致辞时又解释了工业界的研究人员为什么会进入死胡同。他说，如果他们所受的教育能够得到很好的改善，得到更全面的训练，那他们就能够进入工业委员会。

那是个科学专家的责任仍很少被承认的地方……科学专家必须

靠自己去清除使他陷入死胡同的障碍。这就要求他受的教育要比使他只成为一个实验室研究人员更充分。这又使我们回到非常重要的一点，即科学家自己必须像关心他的研究工作一样多地关心那些给他提出研究任务的人。

除此之外，外语也引起了威廉·亨利·布拉格的注意。他在一次学院会上讲道："如果你准备与另一个人争论的话，你根本就不需要知道太多的语言。但是，如果你们要彼此帮助的话，你确实需要了解一些他的语言。帮助你的邻居，帮助你的国家，探索、实验、交流……"在1938年的会长致辞中，布拉格谈到了科学责任：

考虑一下最近责任感的增强是非常有趣的一件事。曾经有一段时间，科学发现一度被认为是私有财产，就算思想适当，也不能成为普遍的知识。朗福德是18世纪末第一个接受和主张科学责任的人，并且身体力行，设法利用热定律来节约燃料……皇家学会最初就是他努力具体表达自己想法的方式。英国学术协会的建立者最初也是受到相似动机的驱策，并且在某种程度上相信，他们是在弥补皇家学会的不足。皇家学会承担了这种一般责任中的特殊部分，包括为原始发现的出版和讨论提供机会……但是他接着抱怨说皇家学会的会刊和会议记录与一个建筑场点有某种相似，在那里，建筑材料的提供者倾倒他们的商品……不管以后处理起来方便与否。我欢迎最近的做文摘的计划，计划通过使其他研究领域的专家能够得到论文的精髓而承认部分发表成果的重要性。皇家学会为此目的还以基金委托的方式支持科学发现。（此时，由于科学在工业、医疗和农业研究中的成功，得到了大笔的慈善捐款。）当然，它代表了国家的官方科学活动，就科学活动问题在公共事务中充当顾问。在这一领域，它有充分的机会发挥其潜力。

但它只是作为一个咨询机构，政府并不总是急切地利用科学建议。

英国政府在1914至1918年的战争当中意识到了科学的作用。科学与工业研究局随着战争的开始，慢慢产生了影响；国家物理实验室的工作也逐步增强。作为对此的证明，1934年，首相第一次主持了由英国科学协会组织的系列演讲：《国家事务管理与最新科学发展》。第二个演讲人是卢瑟福。

多少年来，威廉·亨利·布拉格一直希望在国家商议中听到科学的声音。就是由于这个原因，他才一直努力地争取科学家的发言权，并自愿离开实验室去劝说科学家接受外部事务的责任。

早在1939年，皇家学会就向政府提交了他们仔细编选的全国科学家名录，当时考克饶夫特提出了编辑这份名录的建议，在约翰·安德逊爵士开始将国家服务人员组织置于一个有效基础上之前，就支持这项编纂工作。编制这段名录的主意可能萌生于汉基和蒂泽德1938年春就军队征用科学家的讨论。在这份名录上，大约有八千个名字。该名录没有得到军队参谋长官的热情接受。在战争早期的一次军种间会议上，劳伦斯被告知，研究是和平时期的职业，他必须意识到现在战争已经爆发了。平时武装部队根本不可能雇佣五十名以上的科学家。但是还没到一年时间，他们却要雇佣一百名科学家。

在1939年皇家学会会长致辞中，威廉·亨利·布拉格评述了科学和战争的形势。他做了四点陈述，摘要如下：

一、科学对于成功地从事任何事业都具有基础性的重要性。

二、科学具有普遍的适用性。不存在一种化学的科学和一种医学的科学，也没有一种和平的科学和一种战争的科学。只有一个自然界和关于它的一种知识。

三、富有成果的发明总是缘于知识和经验的现场结合。除非有知识的人出现在某种经验提出要解决的问题的时空中，否则他就会失去提出有益建议的机会。只有经验而无知识的人不可能提出杰出的思想，因为只有通过知识才能读出经验带来的教益。

四、将科学应用于战争的特殊困难，在于纯粹科学和国防研究之间的脆弱联系。这种联系必然是隐匿的。

科学在目前战争中的巨大应用，促使我们考虑它的应用方法。已经有很多建议，例如，应该立即建立一个科学内阁。按我的意见，这并不能解决问题，一个内阁太正式和太刻板……应用知识的最成功方式是个人的和弹性的，不必立刻企图太多。如果我们能够以某种方式使科学作为一个整体，与政府作为一个整体建立紧密联系；如果我们能够将科学的中心权威与国家的中心权威联系起来，我们就可以满意了。科学在国家事务的任何一个部门的直接应用，应从这个部门内部而不是外部开始。我们已经有一些符合这一原则的例子（如医学与农业研究委员会），国防部队的每个部门都关心科学应用，迄今都是令人满意的。更需要的是方法，通过这些方法，政府在关心的所有国家事务领域中都能应用和依赖全部科学知识。

威廉·亨利·布拉格接着就皇家学会如何被更好地利用提出了一些建议。作为皇家学会1935年以后的会长，他被任命为一个关于进口燃料国内生产替代潜力的委员会主席。他在一个月之内提出了调查报告。

1940年6月，他担任政府粮食科学建议委员会主席，授权"考虑国家粮食需求和国内粮食生产，尤其是就可能用于粮食和动物饲料进口的船舶总吨位和外汇，以及可能用于国内生产的劳动力和其他资源提出建议。"

威廉·亨利·布拉格还在皇家学会组织了一系列讲座，以便更广泛地传播营养基本原理和实用知识。这些讲座结集为《国家粮食贮藏和家庭主妇在其中的作用》一书出版。

威廉·亨利·布拉格受邀担任各种委员会的主席而不只是作为皇家学会会长，正如他自己所说的那样，是因为这些委员会在他做主席后看上去运行良好。他能得心应手地驾驭一个委员会，就像驾驭基普林之船，使其发现自己的特长并加以发挥。也许这就是要他作"英法救护队"主席的原因，当时有各种英国市民和社团救护队被派往法国。这虽是一件值得做的事情，但却几乎与科学的主旨无关。1939年11月，在会长致辞中对战争中的科学应用表示了希望和焦虑。1940年6月，皇家学会向政府提出了具体建议。布拉格以会长身份写道：

> 尊敬的首相：
>
> 在由枢密大臣签署的粮食需求与生产咨询委员会的任命中，我应邀担任主席，为政府应用所有科学资源解决战争问题的决策提供明确根据。但是如果这些科学资源要被迅速有效地应用……我认为，我许多同事也认为，迫切需要一种目前尚不存在的协调机制……这种协调的需要，就科学研究而言，在1928年研究协调委员会的报告中已得到充分认识。但当时所建立的协调机制此后已大大衰弱，并且作为适合于和平年代的方法，它在战争时期可能并不十分适合。

布拉格用精确的语句说明和阐述了皇家学会关于协调委员会的构成和目标的想法，认为在当时缺乏对国家科学力量的组织这样一种情况下，这个委员会应该受到关注。

后来，布拉格的女儿在档案局找到了这封信，相当艰难地从内阁卷宗中发掘出了一大堆皇家学会与内阁间的通信。这些内阁档案材料在1972年释密。而且在第一页就是布拉格写的信，这让布拉格的女儿非常激动。

在布拉格的信后，是他与大臣们互相询问进展情况的备忘录。其中有一封长信写的是财政大臣阿兰·巴罗爵士邀请布拉格和皇家学会的官员们与他会晤。在他们座谈后，布拉格曾经给巴罗爵士写过信，在信中，布拉格告诉巴罗对于巴罗的询问，自己一直在仔细思考：

> 如果试图详细提出一些特定的例子，我就会遇到采取这种方式所特有的困难，即我们必须谴责那些失职和无能之辈。整理出一个包括准备此类证据的案例是一项可怕的任务。

> 在1914年至1918年战争期间，由于缺乏化学工程师去管理那些大型武器生产厂，不得不建立一个新的培训部门来训练他们。随后，由于没有协调好，那些兵工厂中的专家在两次世界大战之间一直没有得到充分的利用。

可以想象，阿兰·巴罗当时定下心来从政府的观点出发，提出了他自己的"关于皇家学会提案的备忘录"。在进行了概括后，他评论道："在科学工作者中间，尤其是较年轻的人中间，有一种普遍的微词。他们觉得国家的科学人力没有得到充分利用，大臣们和各部们倾向于忽略政府问题的科学方面。"

与此同时，希尔教授从皇家学会写信给内阁秘书处的空军上校艾里奥特，信中附有一份他打算提交给议会议长的备忘录，即他编辑的《政府部门中的科学研究和技术发展》。他告诉艾里奥特："埃格顿强烈感到，必须就这些事做点什么，或许应该有一次爆发。无论如何，我打算捣一下乱，直到做出某种安排；或者我被反驳得无话可说。"

在很多信函和批复之后，文件中出现了一份阿兰·巴罗爵士写给纳维尔·张伯伦的备忘录：

议长阁下：

皇家学会再次要求在他们和负责战争的政府部门之间，建立更紧密的合作……我不认为他们有什么真正根本性的抱怨，他们只是想建立一个委员会……我认为应该满足皇家学会的要求，同时也可加强公众的信心。这将是一个显著的证据，表明科学已在国家防御部署中被赋予适当的地位，也可答复那些发表于《企鹅特刊》的问题。这份出版物发行量很大。因此，我极力主张，您批准所提议的由汉基勋爵领导的委员会。

在这份备忘录的末尾写着纳维尔·张伯伦的批示："我完全同意这些提案。"

接下来是纳维尔·张伯伦写给希尔的一封信，日期是9月26日。信中感谢他的备忘录，并且说：

没有人比我更清楚将科学载上我们的战车，以及使它成为最终赢得这场战争的力量之一的重要性。的确，就我所知，您正在推开一扇开启着的门。而且，自从威廉·亨利·布拉格的信转给首相以来，我们一直在审议他的提案，并努力满足皇家学会的要求。显然，皇家学会的合作是最受政府欢迎的合作。

对于您所提供的报告，我得补充说明，我刚刚就这个问题向首相提出了一项建议。我希望他会以自己的方式接受它。

但是，如果希尔没有威胁说要搞一次爆发，并且，如果政府不是对《企鹅特刊》那么感到头痛，那么，布拉格的经过仔细推敲的论点会见天日吗？

下面是丘吉尔同意成立该委员会的"个人备忘录"：

我看没有人会反对这项提案，假如人们理解它的话：

（a）各个部门现在进行的秘密工作，不应透露给更大的新活动圈子。

（b）目前参与政府工作的科学家和委员会不应过分耗费时间。按我的理解，我们要有来自外部的额外支持，而不是侵入到我们内部。

这很难说是热情的。

汉基勋爵将要成为该委员会的主席。巴罗写信邀请他出任这一职务时写道：

我认为很显然，政府必须建立某个此类委员会，可以预料，它会起到一些作用。

此外，看来该委员会必须在名义上附属于议长阁下，因为他是负责政府与整个科学活动联系的大臣。不过，张伯伦先生没有多余时间对这件事给予任何个人的关注……如果您能实际上代表他进行有效的管理，那将是一个令人满意的解决办法。

政府可能认为，这对汉基来说或许是个不错的工作，因为他多年来感到他作为内阁大臣的权力正在下降。

汉基的接受函表明他对该委员会同样不大热心：但我将尽我的最大努力做些有价值的事，不给有关各部门制造不必要的麻烦。

这样，最后终于有一封信送抵皇家学会，令学会核心层感到欣慰。巴罗写道：

亲爱的威廉爵士：

我相信您将乐于得知，继我们的通信之后，经过对有关大臣提出问题的充分考虑，首相在议长阁下的建议下，同意建立一个委员会。该委员会与您最先建议的极为一致，唯一不同的是，委员会主席不是议长阁下，或者战时内阁的某位其他成员，而是汉基勋爵。他一直与政府的科研部门有很密切的联系，并且比战时内阁的大臣们有更多的时间自由支配。那些战时内阁的大臣们的时间已经完全被内阁会议以及既有的委员会和内阁委员会占去了。

该委员会的秘书将是内阁秘书处的一位成员。委员会将首先向议长阁下汇报工作，他作为战时内阁大臣主要负责科学研究问题。

以下是委托事项：

（a）就各部门提出的任何科学咨询，向议长阁下提供建议。

（b）当政府部门要求挑选人员从事特别科学调查，或推荐科学家要求建立的委员会的成员时，向政府部门提出建议。

（c）提请议长阁下注意保证那些对战争具有重要性的新科学或新技术的开发。

我希望我可以向议长阁下和汉基勋爵建议，您本人和您的两位皇家学会同事愿意参与委员会的工作。应该补充一点，按照我们的协商，我们已经向政府研究部门的负责人作了通报，他们欢迎建立拟议中的科学委员会。

尽早答复为盼，因为首相热切希望在某个场合公开宣布建立这个委员会。

科学咨询委员会，通常被称作"汉基委员会"，1940年10月8日建立。这是张伯伦作为议长进行的最后一次官方行动。皇家学会秘书长、布拉格在新委员会的两个同事之一阿尔弗雷德·埃格顿爵士，写给布拉格下面这封信。

亲爱的威廉爵士：

该委员会最终得以建立是非常令人满意的……早在1938年初，当就"科学的社会方面"展开讨论，各方人士提出建议时，我就觉得缺少一个焦点，并建议皇家学会可以创立一个与别的咨询委员会相关的委员会……在重建期间，委员会也许能证明是最有用的，我并且希望它能作为一个常设机构保留下来……因为，人们永远也不会知道将会发生什么事……

我想说，如果我应该被某些像蒂泽德那样的更重要的人取代，我将非常高兴。成立这样一个委员会是我的主要目标，它的建立已使我完全满意，因为我相信这是正确的组织变迁。

皇家学会正在发挥它领导新事物的功能，不要让它仅仅成为一个学术组织。它应在政府的护估下为国家开展科学工作并取得重大进展。我们要将个人的自由与国家联系起来。

请原谅这封潦草的信。我昨天写了一些，但由于空袭找不到了！

1940年12月，威廉·亨利·布拉格在他最后的会长致辞中谈到了"汉基委员会"。他公开赞扬道："这样，在长久的期盼之后，一个伟大的机会终于到了。皇家学会在很大程度上要负责发展这一机遇……我们应记住，我们正在努力提高其地位的是科学本身而不是科学家……我们不要求科学家因其为科学家而被赋予权威，但我们确实要求，随着科学对政治、工业和思想本身的持续影响，权威要借助于不断增长的知识而实施。"

对他的演讲和他的会长生涯来说，这本来是一个很好的结尾。

但布拉格的思想特点让他并没有就此打住，而是回到了事情的本质，即对青年的教育上来。如果在不断增加的科学家与公共事务的联系中，布拉格表明可以贡献某些重大价值，并且是无偿的贡献。布拉格将个人利益置身于更大的利益目标之下，这将会带来人们所期望的变革。正是科学家的个人接触，尤其是那些对国家负有责任的人所做的联络工作，是这种变革的动力。如果布拉格的献身能达到目的，那就是这些科学与政府的新联盟所具有的意义和将具有的意义所在。随着科学家的努力和汉基的兴趣变浓，科学咨询委员会开始开展工作。布拉格为它服务了十六个月。

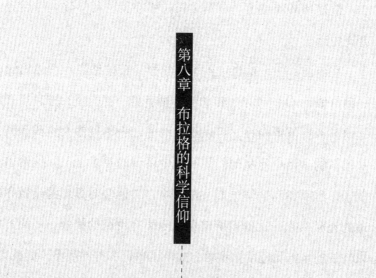

第八章　布拉格的科学信仰

关于科学，威廉·亨利·布拉格曾经说："科学仅仅是知识，它根本没有道德性。如果它被邪恶的人用于邪恶的目的，那么作为科学家，我们对此无能为力。对于夏娃是否应该吃知识之果的问题，正如吃饭带来了所有疾病，纯科学家只能回答是。"

这是1939年威廉·亨利·布拉格在美国科学院演讲后对一位记者说的话。

在该演讲中，他也说到了科学家，布拉格说："他们的成就有一种价值，他们赖以工作的精神则有另一种价值，并且后者的价值远比前者更值得向往。可以正确地说，一些最伟大的科学家，世界从他们的生活中比从他们的发现中得到的更多……"他给出了一些例子，巴斯德和居里夫妇、法拉第，"他们对真理的崇敬和追求真理的无私奉献，比他们所建立的定律有更高的价值……简言之，追求知识的精神和应用知识的方式，比知识本身更重要、更真实。"

在与那位记者的谈话中，布拉格将科学放在了值得谴责的夏娃一边。教会常常责备夏娃，几个世纪以来教会也一直在谴责科学，因为它扰乱了宗教信仰。但是，五百多年前，修道士托马斯·凯姆皮斯写下了下列这些话：

学习本身不应该受责备。任何知识，无论怎样简单也不应受到轻视，因为真正的学问本身就是善，是上帝的安排……但是，由于许多人更急切地得到较多的学问而不是生活得更好，他们常常步入歧途，成就很少或者毫无成果。

这里并没有对学问本身的敌对。托马斯·凯姆皮斯恰当地将知识放在了正确的位置上，但同时对有学问的人，包括科学家，提出了一个警告，一个时时需要的警告。

修道士托马斯不畏惧知识，科学家威廉·亨利·布拉格则把生活的质量放在首位。在经过科学与家教之间矛盾冲突的几个世纪之后，他们的观点彼此接合起来。对于自己提出的问题，布拉格的解答很有特点。他在一次对儿童所做的演讲中说，所有重要的事情都应该得到很好的理解，以便能简单地表达它们。在结束关于"声音的世界"的演讲时，他说："在我们的生活中，在所有我们致力工作和为之奋斗的事情中，具有首要重要性的是，尽我们所能了解我们正在做的事……结果，我们的工作可能是我们所能做的最好的工作，那正是科学所代表的工作。我知道，它只是这场战斗的一半。还有一种被我们称之为宗教的伟大驱动力。一个人的目的来自宗教，他实现这个目的的能力则来自科学。有时人们问，宗教和科学是否是彼此对立的。在拇指和小指互相反对的意义上，它们是对立的。这是可以把握任何事情的对立。"

威廉·亨利·布拉格探究所有生活的道路是一样的：你有一个好主意，你努力实现它；如果结果证实了你的想法，那么你就将这个结论作为更进一步的基础。在实验室中是如此，在教育、文学、烹调的任何训练中都是如此，在宗教中也是如此。对于布拉格来说，宗教信仰使他甘愿冒毕生风险假定基督是正确的，并通过终生博爱实验去检验它。

在剑桥，威廉·亨利·布拉格继续从事他的工作。他对任何处在疑惑和困境中的人总是建议他们继续做下一件事情。工作就是他自己的下一件事。

随后就是在澳大利亚的成功的新生活。从友好的阿德莱德人那里，布拉格感到了温暖，对托德家的和谐幸福及其使别人幸福、照顾别人的信念留下了深深的印象。去教堂是托德家生活中严肃和毫无疑问的一部分。这样，未过几年，这位年轻的教授就娶了格温·托德，成了阿德莱德圣约翰教堂的教会执事，还获得了布道的许可。被威廉国王学院的经历压抑了的童年时代的信仰，现在又从根部萌发出来了。

那个时候，婴儿都要光着身子放在地毯上照相，他们的第一缕卷发被剪下来保存。母亲从她小儿子头上剪下一缕漂亮的淡黄色卷发，并用肯定是从废纸篓中找来的一张纸把它包裹起来。这缕卷发保存下来，在包裹它的纸上威廉·亨利·布拉格草写的备忘录，肯定是为讲道用的。他指导自己去阅读和释义：

> 基督的教条表明上帝是我们的父亲、我们是上帝的孩子的例子，以及爱在其中左右一切的社会。接着，如果我们寻求一种行动原则，那我们应该考虑我们想要孩子们像什么和我们希望他们做什么。我们喜欢孩子们努力工作、热情、快乐、富有同情心，我们希望他们过得快活。我们有时会忧伤痛苦，但是让我们一有机会就尽可能快乐吧。当我们富有和幸福时，让我们帮助所有不富有和不幸福的

人。我们越是努力使自己过得快乐，我们就越能够将幸福传达给其他人。因为我们相信这种生活是一种准备，而不是最后的验证。我们也许在为做更崇高的事而经受磨炼，一些人看上去活得充实，另一些人很空虚。这样，一些田地收获了沉甸甸的稻谷，而一些是休耕地。不过，这些休耕地仍会发生改变。

多斯托夫斯基在自己写的一封信当中曾经说过这样的话："人是为幸福而制造出来的，任何一个完全幸福的人都有权对自己说：我正在人间实现上帝的愿望。"

赋予幸福的价值反映了澳大利亚带给布拉格的东西，表明他已吸收了托德的信念。除了包卷发的纸上讲述的关于上帝的思想，以及阿德莱德时期人们的状况，没有别的记录保存下来。但劳伦斯还能记得布拉格全家对教堂的实际贡献：布拉格 为教堂的风琴配装了一个电吹风，但是他忘记了上油，结果电吹风失灵了，这使他很难过；格温设计了一种葡萄藤模型，用蜡纸将它印在教堂内壁上。她发现教堂祭祀是一个令人愉快的机会，可用别致的形式把教堂装饰一番。他们一直是忠实的教会成员。当全家1909年离开澳洲去英国时，布拉格夫妇受到圣约翰教堂教徒的集会送别。他们送给布拉格教授一套嵌在硬卡片上的巨幅教堂照片，送给布拉格夫人一个带银盖的绿色嗅盐瓶。

在利兹，全家人参加了在利兹教区教堂的礼拜式，并结交了主教萨缪尔·比克斯提及其家人。比克斯提曾在利兹中心广场组织了一次公众宗教集会，邀请威廉·亨利·布拉格作为一位科学家站在宗教立场上发表讲话。由于心地善良和对比克斯提夫妇的友谊，威廉·亨利·布拉格只得让自己发表了违心的讲话。劳伦斯听了他父亲的演讲，人群中邻居的不友好评论使他很难过。

不久，卡洛埃已长到可以同父母一起做晨祷了。她敲打着教堂长凳上的油漆，想知道应答祈祷是否会结束。

但是，这里或那里总有一些神学家理解科学。布拉格要是知道早在1879年斯图亚特·海德拉姆在一篇布道中所做的阐述该有多么高兴：

> 感谢上帝，科学家已打碎了一本永远正确的书的偶像……由此，他们就帮助揭示了耶稣基督的庄严……我们说，他就是《圣经》；他在激励你，鼓起你的勇气，增强你在科学研究中的力量；他是达尔文或赖尔的智慧化身……思考他用灵魂长期创造的世界，比思考他在几天里创造的世界，更能给我们崇高的上帝概念。

然而，在20世纪20年代，宗教与科学的对抗仍然盛行。教会中有许多人抱怨和怀疑科学，而少数科学家难以想像地蔑视宗教，过分断言科学的力量。相互之间的不理解导致巨大的心灵撕裂，大量困惑涌向纯朴善良的人们。

科学家被指控将科学置于宗教的位置上，布拉格对此予以否认，并试图给以解释："研究不是一种宗教，但它是一种宗教行动。它蕴含着对宇宙之美丽和意志的一种信仰。宇宙之美意味着它能被那些有眼睛能观看的人发现，研究的每一步进展都扩大了我们的视野。"

他一次又一次努力界定科学的范围和科学家的观点。1928年，他在格拉斯哥向英国学术协会发表了会长致辞。那时，威廉·亨利·布拉格在皇家学院的重要支持者之一是亚瑟·基思爵士，后者是皇家外科学院博物馆的主管，一个最能体谅别人的好人。但基思被指控持有一种"机械的"宇宙观，他的唯物论经常被引证为对教会的威胁。威廉·亨利·布拉格在会长致辞中指出：

> 实验室的科学研究是基于自然界的简单因果关系。我们许多人可能错误地认为，这些关系有时可被作为宇宙机械论的主要原则。这种因果联系对实验室工作是有效的，只要找到了它们，我们就必然能正确地利用它们。但是，就像放射性研究的情况那样，我们根据具体需要使用粒子理论和波动理论，而根据目前的发展，两种理论实际上是不相容的。因此，机械论在实验室中的使用并不意味着，它现在或将来都能代表所有人类心智能使用或掌握的理论。

这篇演讲以题为《科学和灵魂》的社论性文章在《美国》杂志上做了报道。该杂志同一期上，还有一篇由一位耶稣会会士写的文章，他更赞同布拉格而不是基思的观点，但在结尾时他这样写道：

> 在威廉·亨利·布拉格更清楚明确地讲解宗教和灵魂的问题之前，人们最好不要再引用他的话……我们的信仰

和哲学不需要这么不稳固的支持。

威廉·亨利·布拉格继续为宗教与科学的理解而努力。1935年，他接受唐顿教区主教的邀请，在威尔士的主教管区会议上发表了关于科学的地位和功能的演讲。演讲之后进行了讨论。布拉格为这次演讲花费了巨大的精力，出发时满怀希望，但回来时却无精打采。人们很少见他这么沮丧过。那里的神学家固守他们自己的观点，根本不想去尝试理解科学家的观点，而他未能使自己的任何观点被他们理解。

反对科学的较早指控主要是科学废黜了上帝。后来随着技术的进步，神学家的指控是科学也损害了人类。1927年，雷庞教区主教恐惧地大声呼吁："让我们使科学研究停止十年！"而布拉格关于同样主题的应答总是发生变化，他说："让我们不要无谓地与发现和发明抗争，让我们学会怎样使用这些发现和发明成果。"同时他又说："显然，一种力量巨大的新知识正在稳步发展，每个心地善良的人都不能忽视它。掌握这种力量的人越善良，对它的利用就越好。我相信生活最大的乐趣是表现出一种友好的姿态，而没有知识，你就不能有效地做到这一点。"

1938年，在他关于道德重建的广播讲话中，他进一步阐述了这一点。看来，意愿和心灵要落后于知识提供的手段。而"科学家"，就像布拉格在另一个场合所说，总是"乐观主义者。"当然，布拉格对科学怎样能有益于人类的希望从未减退。

《希伯特杂志》是那时的一份有影响的杂志，它的创刊是为了促进基督教教义以最简单、易懂的方式传播，以及在宗教事务中对个人判断权的自由训练。1938年，编辑说服布拉格为该杂志写一篇文章，再次努力抑制机械论。这篇文章是对理查德·图德爵士请求科学家"痛斥伪科学的唯物论"的反应。图德指出，错误的唯物论是一种人生观，它将人看成是一个机械论宇宙的产物……而将宇宙看成各种盲目力量通过绝对时间作用于静止物质的产物。

布拉格声明说："我完全同意理查德·图德爵士对这种唯物论的谴责。"他继续指出，没有证据可以证实，生命和宇宙是由作用于静止事物的力量制造的。通过精致的类比，他说明了机械论的局限性。

威廉·亨利·布拉格于1942年去世，此前一年，他到纽卡斯尔的达拉谟大学演讲。演讲的题目为"科学与信仰"。这是他最后一次公开陈述他终生持有的信仰。演讲这样结尾：

现在是结束我的讲座的时候了。我没有试图提出关于存在和目的这个伟大问题的任何解决方法。事实上，我极力声明，科学并没有提出解决办法。科学家增加了关于世界和我们自身的知识，但他们作为科学家仅此而已。作为一个人，他与其他人一样利用积累起来的知识贮备。当记下他的观察时，他为任何人都能解读的那本书增加了内容。无论谁阅读它，都要为对它的利用负责。科学家只对迄今能达到的精确性负责，也对扩充精确无误的知识负有责任。改善和扩展没有破坏已经写成的东西，相反，在去除错误之后，它更加丰富了。科学家总是注意到一个增长中的知识世界，总是指出新的和令人惊异的事物，易于提出超时代的建议，迷人的探索给他以持续的鞭策。我相信，科学家也意识到了一种不断增加的理解力量，使得下一代可以在前辈踌躇不前的地方坚定地走下去。他对预测和断言变得谨慎小心，发现他的假说只是暂时的，他永远不能充分了解，不仅他的事实而且他的评价都是不完全的。但实验一直在他的掌握中，实验中有他的幸福和力量，他在其中受到锻炼并坚定了信念。

有一个问题值得考虑，即从经验中获得的态度对宗教生活是否有什么拒斥作用。我并不完全清楚，作为进步的初始条件，绝对接受某些信仰的要求怎样影响所有的心智。但我相信，对于许多心智来说，这是一种不可能的要求。确信任何信仰的真理性，就人类可以测量该真理的范围而言，只能通过实践获得。正是在这里，科学家在自己的工作中发现了一个例证。每个人只在一个活动圈子里发现自己所能胜任的工作，这可能只是一个小圈子，他的手段可能也很少，但他可以尝试基督教的方法，自己发现和获得自己的确信。他将验证他的信仰。在他面前永远有希望，他将通过自己的努力在将共同体结合在一起方面发挥自己的作用。那就是他的希望。至于实验的实际模式，我没什么可说的。我们对它都已经很清楚了，它已经铭记在上千次的证明中，展示在无数的生活中。它的全部涵义就包含在圣保罗尽管简单然而生动的话语中：最伟大的信仰是博爱。

第九章 平凡中的伟大——威廉·亨利·布拉格

在本书一开始提出了一些关于科学家的问题。通过前边的几章，我们对布拉格的一生进行了追溯，希望能从中得到某些答案，尽管本书写的是一位科学家的巅峰生活。但是写到这里，本书已经接近尾声，布拉格是一个非常有名的科学家，那么，科学家到底是怎么样的一种人呢？本书的内容都是关于这个人的，他很亲切，长得很好看；他谦虚而且善良。这听起来并不吸引人。

那么我们又该如何描述他呢？据说最了解一个人的是他的朋友，但这条线索几乎一开始就断了，因为威廉·亨利·布拉格并不追求亲密朋友关系。他仁慈地看待这个世界，赞赏友好相处，然后独立地走自己的路。如果把亲密的家庭排除在外的话，他看上去好像不需要亲密。也许，是他过于羞怯而难以结交密友。

他确实曾拥有与卢瑟福的伟大友谊，但这在很长时间里只是一种科学上的友谊。虽然早在1885年卢瑟福赴英途中访问卡文迪许实验室时，他们就见过面，但他们的友好交往是从1904年威廉·亨利·布拉格函告卢瑟福自己的发现开始的。在以后的若干年，他们保持着密切联系，一封接一封地热情通信。在写给卢瑟福的信中，有一封长达三十四页，而其他的通信一般也在六页和八页之间。这些信函往来虽然表明了他们之间的友谊，但仅限于他们的研究工作。直到1907年，也就是他们开始通信后的第三年，他才在写信时提到自己的家庭生活。当时，威廉·亨利·布拉格正在卢瑟福的鼓动下考虑去蒙特利尔工作。1907年8月29日，布拉格曾经这样写道：

我要面对的最大困难是全家人的搬迁问题。我必须告诉你，我大约十八年前在这里结婚，有两个男孩儿：一个上大学，一个上中学；和一个六个月大的女儿。我们修建了自己的房子。所有这一切都使我们在这儿深深扎下了根。

至于精神上的关系则是另外一回事，可以跨代感受到。威廉·亨利·布拉格经常表达他对米歇尔·法拉第的尊敬。我认为他们看起来很相像，并不是比较他们在科学成就上的大小，而是指外貌与性格。他们在思想上都非常谦虚，对造物主的创造充满敬畏；他们都努力传播科学的观点，并且乐此不疲；当他们发表演讲时，尤其是对儿童演讲时，你可以分享到他们的热情和喜悦；他们都为自己的国家尽心竭力，朴实单纯直到生命的最后一息。

威廉·亨利·布拉格这样评价法拉第的著名日记："这些日记远不只是对所做工作的记录，而是关于最伟大的实验哲学家之一所做的推论和研究的极富人性的故事。他自己写下这些故事，就像在给一位朋友写信。"它当然像是一位朋友，因为布拉格过去经常阅读它。

除了布拉格的子女总是去征求布拉格的意见之外，他的妻子格温也会在担心丈夫过分焦躁时写信征求建议。

克制，谦卑，这是两个比较适用于布拉格的形容词。在这方面，卡洛埃的丈夫曾经回忆说，从1934年初到1942年威廉·亨利·布拉格去世，自己一直与布拉格生活在皇家学院的教授寓所和他们在瓦特兰乡下的家。住在一位老人的房子里，并与他一起管理家务和财务，这对于一个刚结婚的男人来说是不那么容易的。但卡洛埃的丈夫不记得这种处境有让他沮丧和尴尬的时候。实际上，他最大的困难是要记住下面一点：对于任何事，在仔细周到地考虑之前不要提出愿望去征求布拉格的意见。因为任何提出的愿望， 如果是在能力所及的范围内，肯定会得到满足。这两个男人生活在一起，充满了和谐的信任和深情的缄默。

这样一个朴素谦卑的人，一个农民的儿子，在世界另一侧的一所无名大学里，作为一名认真尽职的教师生活到四十七岁，而在返回英国后的短短几年后就成了一位科学发言人，这究竟是怎么回事？答案也许就在那长期而幸福的流浪生活中。对他来说，也许在澳洲度过的繁忙、幸福的二十多年岁月，就像沙漠中的岁月对于一位先知一样有价值，给了他进行从容准备的时间。他从一无所有开始踏上了漫漫旅途，澳大利亚给了他时间去慢慢地、坚强地成长，从理智上积累信心。他有时间发现那些指引他生活的原则，整理他的思想，经历长时间教学和演讲的锤炼。因而，当他后半生回到英国后，在一些重大问题上，在战争年代的紧急局面中，他能够朝着自己确定的目标稳步前进。虽非没有疑惑和彷徨，但有了清晰的原则，他的生活就能像他的手抄本一样深思熟虑，几乎没有删改地一气呵成！

对威廉·亨利·布拉格的一些评论，可以从1942年他去世时的讣告和哀悼信函中收集到。尽管悼函只是追述了他最好的一面，但还是可以从中提取出某些东西：一是可以注意到同样的形容词怎样重复出现，二是那种令人感动的对威廉·亨利·布拉格的钟爱之情。

在许多悼函和唁电中，有国王和王后发来的电报，有6A街区消防队长写来的信，还有坎特伯雷主教、汉基、学校的教师们、在车库替他看车的人以及世界各地科学界的来信。一位皇家学院的勤杂工说他觉得好像是失去了一位父亲，而戴维-法拉第实验室的研究人员觉得他们失去了一位家长。善良、谦虚、温和，这些词以及他具有一个伟大人物的谦逊美德这样的短语，一遍又一遍出现。

劳伦斯收到一封查尔斯·格洛弗·巴克拉的来信，他是布拉格曾与之激烈辩论过的老对手。信中说：

虽然我对威廉·亨利·布拉格了解不多，但与他相遇而感受不到他的某些精神美德是不可能的。

亨利·戴尔爵士的来信说：

我认识很多伟大的人，但我相信，没有谁的精神品德受到如此普遍的热爱。

而克莱门特·阿特利则写道：

过去的两年，在我担任内阁粮食委员会主席时，我经常看到他忙于国家粮食科学顾问委员会主席的工作。我非常钦佩他对公众事业的贡献和他始终如一的善良和谦恭。

就是在科学的公共性这点上，威廉·亨利·布拉格这位科学家做出了他作为一个普通人的贡献。科学怎样才能有益于社会？这是贯穿于他一生的一个主题，从他努力使澳洲学龄儿童得到更好的教育直到第二次世界大战的那些岁月。他并没有努力使科学家进入政府任职，而是使那些对科学知之甚少的政府官员接受他的思想，即科学家和科学对国家来说是"有益的事情"。

皇家学会秘书埃格顿是在倡议建立科学咨询委员会时的同道。他写信给劳伦斯说："威廉·亨利·布拉格拥有真正的谦逊……富有思想和气魄……我们有时受到官方的阻碍，正是你父亲对那些阻止实现正确目标的力量进行了坚定的抵制，带来了现在已部分实现的科学与政府之间的通畅关系。"

力量、耐心，加之讲解问题的通俗易懂，不仅使他能富有魅力地给孩子们做演讲，而且也能向政府阐释科学的精神。他没有个人野心，认为是科学而不是科学家必须增加权力。科学家中间的个人权力政治令他十分苦恼，它们玷污了科学的形象。他总是努力善待他遇到的每一个人，劳伦斯只记得有一位科学家令他敬而远之，少数几个人使他感到不快。偶尔，晚上正静静地坐着，他会屏神静气并轻轻战栗：一些记忆浮现于脑际，就像静池中的水泡。他会突然记起许多年前，某些人或某些事伤害了他，或者他认为他曾伤害过某个人。而劳伦斯坐在他的对面，告诉他应该抛弃过去那些不愉快的记忆，就像一个人习惯于在七年之后撕掉一张收据一样。

贝尔纳在戴维-法拉第实验室工作了许多年，经常搅得人们不得安宁，他面色苍白而观点却鲜明火爆。他在信中说：

> 在某种程度上，他也是我科学上的父亲。他培养了我，并在我职业生涯的所有关键阶段给我以帮助，我始终

为在他领导下工作感到骄傲。我总是想告诉他我是多么感激，但却一直未能那么做，现在太迟了。

我非常幸运，在他开始第二次伟大研究工作时期之初，我就来到皇家学院。与十年前的发现相比，当时的工作对于他也许不那么令人激动，而对我来说，它比我期望的更激动人心。在那五年里，通过他的工作，所有晶型的轮廓都已被清晰测出。从那时起，我们只是一直在做些修修补补的工作。

我还记得那是多么令人激动，从大到小的金属离子的改变，填充的思想，进入有机化学，记得他怎样安排研究进展，以及他怎样像年轻人一样激动。

他是一个伟大的研究领袖，鼓舞人心且兴趣持久。他知道怎样使我们干得最好和什么时候派我们独立工作。从他的榜样中，我学会了所有关于怎样组织研究活动的知识。

第十章　科学精神

世界上只有少数人的工作如此成功，如此重要和如此独一无二。他的名字无疑将活在物质结构领域，就像伽利略在天文学或法拉第在电学领域一样。"他的名字将像法拉第一样永垂不朽"，贝尔纳的这句赞美是基于他个人对布拉格的热爱。但布拉格的名字加上他儿子的名字，将留存在人们的记忆中。他们将一起在科学史上占有适当的位置，虽然他们活着的时候并不总是完全快乐，人们总是将他们混在一起，引起公众的混淆和一些人对劳伦斯的妒忌。布拉格写给他在阿德莱德的妻妹洛娜·托德的一封信证明了这一点。

1941年1月15日，布拉格高兴地写道：

> 你将从报纸上得知劳伦斯被封为爵士。这不是很好吗？……他将不得不成为劳伦斯爵士：我们不能再像以前那样混淆不清了。我为他如此高兴。尽管很注意，但人们总是把我们俩混淆在一起，并倾向于在他应该获得荣誉的时候，将赞扬先给了我。我想，他现在不用再为此担心了。无论如何，现在再没有理由那么做了。我想，我对此比他更感到轻松。

尽管威廉·亨利·布拉格在1941年的那封信中写得这样充满希望，但有观点认为，劳伦斯并非完全丢掉了他对父亲的谨慎，直到他自己去世前几年，他所有的学识和幽默才驱散了萦绕于他们俩之间的最后一丝阴云。终于，他觉得他可以安排时间来写本书了，却没能活到去动手写它。

此时，公众观点的摇摆不定已经转变过来。在劳伦斯八十岁生日的时候，来自全世界的X射线晶体学研究者举行了纪念讨论会。与会者恰当地拥立劳伦斯作为这个新学科的创始人，但他们几乎没有在发言中提到布拉格。乔治·汤姆逊爵士在1973年12月30日的信中说："我认为，猜测谁更值得获得大部分的荣誉是无益的。在这样的情形下，即使两个人互相只见过一次，要说明谁真正将手推车推过了山丘也是不可能的。我认为试图这样做是一个错误。"

由于他们两人都已去世，人们现在可以看到所有这类混淆是多么容易发生。他们在性格上是如此不同，而他们的工作和目标却又如此相像。试想，他们分享了发现，他们的研究是平行的；尽管剑桥和阿德莱德不能相提并论，但他们都在英国北部工业城市做过教授；作为皇家学院院长，都在戴维-法拉第实验室组织了研究小组；在战争中，他们都作为科学家为军事部门工作；他们在讲解方面都有精湛技巧（实际上，在绘画方面也是如此），劳伦斯在皇家学院为学龄儿童做演讲，继续了他父亲的教育改革运动；他们的目标都是去说明科学的范围，父亲处在科学力量增长的乐观年代，而儿子却处在因科学没有回答世界上所有问题而失望的年代。尽管宗教喧嚣的时代已基本结束，但在威廉·亨利·布拉格写作和讲述"科学的精神"，试图使科学的范围得到理解时，仍是那么艰苦。"我必须经常解释这个问题"，他说。对他们每个人来说，科学都是一门艺术，研究是一种冒险，而生命是他们热情生活的实验旅程；对他们每个人来说，在他们快八十岁时，生命的体能尽管已趋耗竭，但他们的心灵都没有变老。他们甚至都是"威廉爵士"。未来的一代会记住他们，称他们为"威廉·亨利·布拉格父子"，并谈及他们对20世纪科学的贡献。威廉·亨利·布拉格的生活只是这个故事中较早的一部分。

在威廉·亨利·布拉格活着的时候，劳伦斯只是布拉格的儿子；而到了上世纪70年代，威廉·亨利·布拉格成为一个朦胧的人物，是劳伦斯的父亲。不过，布拉格的科学作品仍然像卢瑟福的作品那样被经常引用，许多他作为普通人所说的话现在仍像以前一样有说服力。对于为沟通问题所困的当代人来说，他的大多数观点仍然是适当的。

附　录

布拉格生平

　　威廉·亨利·布拉格1862年出生在英国威格顿。他先后在文法学校和马恩岛的威廉国王学院学习，完成了大学之前的教育。1881年，他获得了奖学金并来到了英国剑桥大学三一学院，在著名教师爱德华·约翰·罗斯的指导下开始认真学习数学。1884年6月，威廉·亨利·布拉格在优等生数学考试当中名列第三，1885年初进入第二部分学习，同年有一段时间在卡文迪许实验室学习物理。

　　1885年，威廉·亨利·布拉格被澳大利亚阿德莱德大学聘为数学物理教授，并于1886年正式上任。因为在这之前威廉·亨利·布拉格的物理知识并不多，因此在阿德莱德他才大量学习物理知识，但是直到他四十岁之后才真正涉及重要研究领域。1904年，在但尼丁召开的一次澳大利亚科学促进会的会议上，他担任所在小组的主席，并发表了论文《气体电离理论的新发展》。后来，他又在这篇论文的基础之上进一步展开了研究，于1912年出版了他的第一本著作《放射能研究》。1904年那次会议后不久，他得到一些溴化镭，并进行相关研究，当年年底在《哲学杂志》上发表了关于镭射线的研究论文。1907年，威廉·亨利·布拉格当选为英国皇家学会会员。1908年底，他从阿德莱德大学辞职。在这二十三年里，他见证了阿德莱德大学学生数的数倍增长，对物理学院的发展也做出了很大的贡献。

1909年，威廉·亨利·布拉格到利兹大学担任卡文迪许实验室物理教授。他在这里继续X射线研究，最终大获成功。他发明了X射线分光计，并与他的儿子威廉·劳伦斯·布拉格创立了用X射线分析晶体结构的新学术领域。这项技术的应用为稍后DNA双螺旋结构的发现奠定了基础。正是因为这项成就，威廉·亨利·布拉格和他的儿子在1915年被授予诺贝尔物理学奖。

1915年，威廉·亨利·布拉格被伦敦大学学院聘为奎恩物理教授，但是由于受到了一战的影响，直到战争结束以后他才开始工作。一战期间，威廉·亨利·布拉格主要为英国政府服务，进行潜艇探测的研究。1918年，他回到伦敦，担任海军司令部的顾问。恢复在大学的工作后，他主要从事的研究仍然是晶体结构分析。

1923年起，他成为皇家研究所的富勒里安化学教授和戴维·法拉第研究实验室的主任。在他的领导下，实验室发表了大量有价值的论文。1935年，威廉·亨利·布拉格当选为英国皇家学会会长。

获奖辞

　　1915年，威廉·亨利·布拉格与自己的长子威廉·劳伦斯·布拉格一同获得了诺贝尔物理学奖，这样的殊荣无疑是对他们这些年来工作与研究的肯定，布拉格父子得知之后非常高兴地分享了这个奖项，而且他们还知道他们父子创造了诺贝尔奖的两个纪录，分别是诺贝尔奖有史以来第一个父子二人同时获奖的获奖者；同时，威廉·劳伦斯·布拉格也是诺贝尔奖史上最年轻的获奖者，1915年他刚刚二十五岁。

获奖时代背景

1912年，马克斯·冯·劳厄关于X射线的论文发表之后不久，就引起了布拉格父子的关注。当时，威廉·亨利·布拉格正在利兹大学当物理学教授；威廉·劳伦斯·布拉格刚刚从剑桥大学卡文迪许实验室毕业，留在实验室工作，开始从事科学研究。

1915年，威廉·亨利·布拉格被伦敦大学学院聘为奎恩物理教授，但受第一次世界大战的影响，他直到战争结束后才开始工作。一战期间，他主要为英国政府服务，进行潜艇探测的研究……

布拉格年表

1862年，出生于英国威格顿。

1881年，他获得奖学金入读剑桥大学三一学院。

1884年6月，他在优等生数学考试中名列第一部分第三。

1885年初，进入第二部分学习，同年有一段时间在卡文迪许实验室学习物理。

1885年，威廉·亨利·布拉格被澳大利亚阿德莱德大学聘为数学物理教授。

1886年初，正式在阿德莱德大学上任。

1904年，在但尼丁召开的一次澳大利亚科学促进会的会议上担任所在小组的主席。

1907年，他当选英国皇家学会会士。

1908年底，他从阿德莱德大学辞职。

1909年，威廉·亨利·布拉格到利兹大学担任卡文迪许物理教授。

1912年，出版了他的第一本著作《放射能研究》。

1915年，威廉·亨利·布拉格与儿子威廉·劳伦斯·布拉格两人一同被授予诺贝尔物理学奖。

1915年，威廉·布拉格被伦敦大学学院聘为奎恩物理教授。

1915年，威廉·亨利·布拉格获得马泰乌奇奖章。

1916年，威廉·亨利·布拉格获得拉姆福德奖章。

1917年，威廉·亨利·布拉格获得英国王室授予司令勋章。

1918年，威廉·亨利·布拉格担任海军司令部的顾问。

1920年，威廉·亨利·布拉格获得爵级司令勋章。

1923年起，他成为皇家研究所的富勒里安化学教授和戴维-法拉第研究实验室的主任。

1930年，威廉·亨利·布拉格获得科普利奖章。

1931年，威廉·亨利·布拉格获得功绩勋章。

1935年，他当选为英国皇家学会会长。

1942年，威廉·亨利·布拉格去世。

获奖当年世界大事记

(1915年)

1月18日，日本向中国提出"二十一条"。

2月14日，第一次世界大战协约国工人和社会党人代表会议在伦敦召开。

这年春天，英法联军趁德军主力集中在东面战线，发动了香巴尼和阿杜瓦两轮攻势。结果英法联军死伤百万人，德军亦死伤61万人，但战事仍然胶着。

5月31日，德国齐伯林"LZ-38号"飞艇首次夜袭伦敦，是世界上第一次空袭。

9月，陈独秀创办《青年》，一年后更名为《新青年》，新文化运动开始。

10月28日，袁世凯"当选""中华帝国"皇帝，1916年元月"登基"，3月22日下台。

1915年，爱因斯坦提出广义相对论。

1915年，美国遗传学家T.摩尔根完成染色体图谱，为建立染色体学说奠定基础。